Steven Harrison

Sei, wo du bist

Leben als Meditation

Aus dem amerikanischen Englisch
übersetzt von
Stephan Schuhmacher

Edition Spuren

Die amerikanische Originalausgabe
erschien 1999 unter dem Titel
«Getting to Where You Are»
im Verlag Jeremy P. Tarcher/Putnam, New York

© 1999 by Steven Harrison
Diese Ausgabe wird veröffentlicht mit freundlicher
Genehmigung von Jeremy P. Tarcher, Inc.,
einem Unternehmen von Penguin, Putnam, Inc.
© der deutschsprachigen Ausgabe 2003 by
Edition SPUREN,
Wartstraße 3, CH-8400 Winterthur
www.spuren.ch
Printed in Germany
Druck und Bindung: Clausen und Bosse, Leck
Umschlaggestaltung: Marco Perini, Zürich
ISBN 3 9521966-6-5

Einführung

Etwas, das die Welt garantiert nicht braucht, ist *noch* ein Buch darüber, wie man meditiert. Und genau dies ist der Grund, warum ich ein Buch über Meditation geschrieben habe. Dieses Buch ist nicht als noch eine weitere Anleitung zum Selbermachen geschrieben worden; vielmehr soll es der Vorstellung ein Ende bereiten, dass es irgendeine Meditationstechnik gebe, die in täglich zwanzig Minuten Ihre Probleme löst, Ihren Körper entspannen und Sie in die Gegenwart des gleißenden Lichts der Wahrheit versetzen wird.

Durch die Verbreitung spiritueller Lehren ist mehr Schaden angerichtet worden, als dass Hilfe geleistet worden wäre. Die Vorstellungen über Spiritualität sind zu einer Bürde im Leben der Suchenden geworden, zu etwas, das sie ebenso unter Druck setzt wie zahlreiche weitere Belastungen des Lebens. Diesen Druck nehmen wir mit in unsere Meditation, obwohl Meditation doch gerade das sein sollte, was uns von allem Druck befreit.

Doch ruhig Blut! Wir haben die ganze Angelegenheit in den falschen Hals bekommen. Es geht in der Meditation gar nicht darum, irgendeine Form von Glückseligkeit zu erlangen, ja noch nicht einmal darum, unsere Ängste zu besänftigen. Meditation, das sind nicht die zwanzig Minuten am Morgen, bevor ein Tag voller Stress losgeht. Bei der Meditation geht es um alles, was wir tun. Ja, wir meditieren schon längst, ganz ohne uns darum zu bemühen. Meditation ist unser natürlicher Seinszustand.

Dieses Buch handelt ebenso viel von dem, was Meditation *nicht* ist, wie davon, was sie ist. Letzten Endes besteht Meditation darin, das loszulassen, was nicht ist, und das zu sein, was ist. Was könnte schwer daran sein, dorthin zu gelangen, wo wir bereits sind?

Millionen von Menschen in der westlichen Welt meditieren. Infolge von autoritären Belehrungen selbst ernannter westlicher Meditationslehrer oder importierter Gurus ist die Meditation für die meisten von ihnen eine frustrierende Erfahrung. Die Frustration wird noch verschlimmert durch irreführende Ansichten darüber, wie unser Geist funktioniert.

Spiritualität ist ein Bereich voller Idealismus und phantastischer Vorstellungen – und gerade darum hüten Meditierende ein Geheimnis. Sie haben es verbockt. Sie wissen sehr wohl, was sie eigentlich erfahren sollten. Ihr Geheimnis ist: Während sie meditieren, läuft nichts anderes ab als das Klappern der Mühle ihrer Gedanken, begleitet von körperlichem Unbehagen.

In unserer Konsumgesellschaft besitzen Stadtbewohner Geländewagen mit Allradantrieb, Bestseller werden nicht gekauft, um gelesen zu werden, sondern um das Wohnzimmer damit zu dekorieren, und Markenartikel werden gesammelt als Ersatz für Stil. Es sollte deshalb nicht verwundern, wenn auch eine Form von Meditation konsumiert wird, die gerade angesagt ist, ohne dass sie verstanden würde oder dass sie Resultate zeitigte. Für Leute, die Meditation vermarkten, ist der Inhalt weniger wichtig als der Marktanteil. Neue Techniken werden einfach erfunden oder alte Techniken werden neu verpackt, um die schnell wechselnden Bedürfnisse einer auf Konsum eingestellten Öffentlichkeit zu befriedigen.

Immerhin klar ist, dass Materialismus nicht funktioniert. Wer ist denn wirklich glücklich? Die Religion funktioniert nicht. Wir beten, aber wer erhört uns? Wir versuchen es mit

Meditation, mit neuen Therapien, exotischen Religionen, Engeln, Channeling. Nichts funktioniert. Nichts vermag unseren Konflikt tief greifend zu lösen.

Als Reaktion auf das Versagen der Techniken der psychospirituellen Bewegung, welche die vergangenen drei Jahrzehnte beherrscht hat, ist das Pendel neuerlich deutlich in die Gegenrichtung ausgeschlagen. Millionen von spirituell interessierten Individuen üben mit religiöser Inbrunst Praktiken, die ihr Leben nicht grundlegend verändert haben – und es auch nie tun werden. Ebenso viele Millionen haben kapituliert und sind in ihrem tief verwurzelten Zynismus versackt, als sie miterleben mussten, wie Lehrer und Vorbilder sich in Skandale um Sex, Geld und Macht verstrickten.

Als das dynamische Erforschen von Psychologie und Spiritualität der vergangenen Jahrzehnte verebbte, blieben uns Psychogebrabbel, eine mechanische religiöse Praxis und der New-Age-Jargon. Was nun?

Sei, wo du bist ist als Auseinandersetzung mit dieser Frage entstanden. Dieses Buch will die Wirklichkeit der Meditation ohne den Überbau einer bestimmten Religion, eines Glaubensbekenntnisses oder einer Technik untersuchen. Es ist eine Einladung an Praktiker jeglicher Meditationsmethoden, mehr über die Wirklichkeit der Meditation und des Lebens zu erfahren und diese besser zu verstehen. Es ist die Dekonstruktion von Vorstellungen, die Meditation umlagern und unser Verständnis von ihr verschleiern. Dieses Buch beschreibt Meditation jenseits der Absichten, die wir mit ihr verbinden, als einfaches Erkennen des Punktes, an dem wir uns befinden. Dies ist die einzige Meditationsart, die nicht mehr Psychomüll erzeugt, als sie beseitigt, und es ist diejenige, die wir alle schon längst praktizieren – Wirklichkeitsmeditation, das heißt «leben». Dies ist ein aktives Erforschen der Natur des Lebens, frei von den Einschränkungen einer Doktrin, eines religiösen Glaubens oder von Praktiken, die sich an bestimmten Techniken orientieren.

Sei, wo du bist wurde geschrieben, um den Leser von der Bürde zu befreien, die ihm durch die dogmatischen Strukturen von Meditationstechniken auferlegt wurde, um diese Last zu ersetzen durch ... nichts – als der Fülle eines mit Bedacht geführten Lebens, eines gut gelebten Lebens.

ERSTER TEIL

IST
ES
ZEIT
AUFZUWACHEN?

Wie sind wir bloß hierher gekommen?

> *Es gibt kein Heilmittel gegen Leben oder Tod, außer sich an der Zeit dazwischen zu freuen.*
> George Santayana

Nackt, frierend und hungrig werden wir geboren – und dann wird alles nur noch schlimmer

An einem bestimmten Punkt im Leben wird es uns mit einem Mal bewusst. Das kann geschehen, wenn wir vier oder wenn wir vierzig Jahre alt sind. In einem atemberaubenden Augenblick des Erkennens schauen wir uns um in der Welt, in der wir leben, und haben die Urerfahrung von – totaler Verwirrung.

Mehr Fragen brechen über uns herein, als wir sie in einer Lebensspanne je verarbeiten könnten. Wer bin ich? Woher bin ich gekommen? Wohin gehe ich? Was ist der Tod? Warum sind Beziehungen so schwierig und verwirrend?

In der Tat wissen wir weder wirklich, wer wir sind, noch wie wir hierher gekommen sind, wir wissen nicht, was der Tod ist, geschweige denn, was es mit unseren Beziehungen tatsächlich auf sich hat. Wir suchen nach Antworten, nach irgendetwas, das uns angesichts des Chaos Sicherheit geben könnte. Wir wenden uns den Mythen unserer Kultur zu, den Glaubenssätzen unserer Religion, wir suchen Tröstung in einer spirituellen Praxis oder in der Autorität eines charismatischen Führers. Aber nichts davon vermag unserer

Verwirrung ein Ende zu bereiten. Auch das wird uns klar. Und diese Einsicht verwirrt uns zusätzlich.

Wie kommt es, dass wir in dieser Welt auftauchen, ohne wirklich darauf vorbereitet zu sein, sie zu verstehen? Warum sind wir so reich versehen mit Fragen und derart arm an Antworten? Wir können zwar versuchen, diesen existenziellen Zustand der Unsicherheit zu vermeiden, doch bleibt er unser ständiger Begleiter. Er ist immer dann gegenwärtig, wenn wir unsere Glaubenssätze in Frage stellen. Er meldet sich zurück, wenn sich mit einem Mal die Strukturen unseres Lebens verändern, wenn wir krank werden oder wenn ein geliebter Mensch stirbt. Wie konnte es dazu kommen?

Wir wurden in Unsicherheit geboren. Woher kam der erste Atemzug? Wird es einen weiteren geben? Und wann kommt der letzte Atemzug? Die Natur der Existenz selbst ist zerbrechlich; sie hängt Moment für Moment, Atemzug für Atemzug von einer unsichtbaren, unfassbaren Eigenschaft ab, die von uns «Leben» genannt wird.

Der Moment der Geburt ist traumatisch. Aus dem Schmerz unserer Mutter werden wir geboren – hinein in den eigenen Schmerz. Mit nichts als Schmerz werden wir geboren – nackt, frierend und hungrig. Und dann wird alles nur noch schlimmer.

Man kneift uns, schlägt uns auf den Po, wiegt uns. Das Licht wird an- und ausgeschaltet. Windeln. Decken. Leute. Wir wollen schlafen. Wir wollen essen. Die Welt wirbelt um uns herum, und wir nehmen dieses Wirbeln in uns auf, sind nicht getrennt davon und verstehen es doch nicht.

In alldem atmen wir. Wir sind lebendig und vital. Wir sind ein Bündel genetischer Möglichkeiten, das sich ohne Erklärung zu einem Kind, einem Jugendlichen, einem Erwachsenen entfaltet, zu einem alten Menschen schließlich, der im Sterben liegt, der gerade jetzt seinen letzten Atemzug tut.

Instinkte?

Doch wir beginnen nackt. Wir beginnen, ohne etwas zu wissen. Wir beginnen in Unsicherheit.

Wir beginnen zu lernen. Wir schreien und werden gefüttert. Oder wir schreien und werden *nicht* gefüttert. Wir schreien und man nimmt uns auf den Arm. Oder wir schreien und bekommen einen Klaps. Unsere Erfahrungen beginnen die Grundlage für unsere Wirklichkeit zu bilden, und diese Erfahrungen werden in unserem Denken als Erinnerungen gespeichert. Wir lernen, in Beziehung zu sein; wir lernen über den Zusammenhang zwischen unseren Handlungen und deren Resultaten, über die Wechselwirkung zwischen unserem Körper und den Objekten um uns herum, über die Mittel, mit denen wir zu Nahrung, Wärme und Schlaf kommen. Wir krabbeln, wir watscheln, wir laufen. Wir entwickeln Fähigkeiten, erweitern unser Wissen und unser Vermögen, die Menschen um uns herum zu beeinflussen. Die Menschen, die uns umgeben, versorgen uns mit Nahrung, Wärme und Schlaf. Auf diese Lieferanten Einfluss zu nehmen wird zu einer wichtigen Fähigkeit, und schon bald sind wir verwickelt in eine Welt der Zwänge, Einflüsse und Gegeneinflüsse. Wir lernen weiter und wachsen.

Wir haben vergessen, dass wir nackt geboren wurden. Wir haben sogar vergessen, dass wir geboren wurden. So gesehen sind wir immer schon da gewesen, und daher haben wir allen Grund, davon auszugehen, von jetzt an auch immer da zu sein. Alles, was wir dazu brauchen, ist ausreichend Nahrung, Wärme und Schlaf.

Wir finden uns eingeschlossen in diese Welt des Vergessens. Wir wachsen auf im Kontext dieser Welt von Subjekt und Objekt, Kraft und Gegenkraft, Einfluss und Gegeneinfluss. Das Denken ist unser Verbündeter in der neuen Welt, denn dem Denken ist die Kraft eigen, vorherzusagen und uns diese neue Welt zu vermitteln. Bald ist das Denken nicht mehr unser Verbündeter, sondern wir sind das Denken. Das nützliche Werkzeug, welches das Denken eigentlich ist, wird zu unserer Identität.

Wir haben vergessen, dass es auch eine andere Weise gegeben hat, zu sein.

Unsere Welt wird zunehmend komplexer, während unsere Grundantriebe sich ausweiten in unsere neue Welt der Psyche hinein, in eine Welt, die um «mich» kreist und die mit «meinen» Gedanken und Gefühlen angefüllt ist. In dieser Welt verlagert sich der Hunger des Körpers zu einem Hunger des Gemüts. Wir brauchen Aufmerksamkeit, wir brauchen Anerkennung, wir brauchen Zuneigung; und die Liste geht immer weiter, denn unsere Bedürfnisse sind endlos. Was wir über die Beschaffung von Nahrung gelernt haben, wenden wir auf unsere seelischen Bedürfnisse an. Unsere Persönlichkeit bildet sich um Erfolg und Misserfolg herum. *Wer* wir sind, das zu definieren lernen wir auf der Grundlage unserer Fähigkeit, die Reaktionen hervorzurufen, die wir brauchen.

Wir haben vergessen, dass wir nicht den geringsten Schimmer haben, woher wir kommen. Wir haben die noch nicht individualisierte Welt vergessen, aus der heraus sich unsere Gedanken entwickelten und die sich dann zur Kernvorstellung eines Selbst kristallisierten. Wir haben die Unsicherheit beiseite geschoben. Wir haben ein «Ich» gebildet, eine Persönlichkeit, ein Bündel von Verhaltensmustern, deren Funktion es ist, uns das zu beschaffen, was wir brauchen, oder uns zumindest in jeder Lebenslage zu versichern, wer wir sind.

Wir sind Erwachsene. Wir fühlen uns fest gefügt. Wir fühlen uns nicht nackt. Wir wissen, was wir mögen und was wir nicht mögen. Manchmal wissen wir nicht mehr, was los ist. Manchmal verletzt uns etwas. Na ja, eigentlich verletzt uns ziemlich oft etwas – aber so ist das Leben nun mal, nicht wahr? Natürlich ist es so. Darüber würden wir ja gerne noch weiter reden, aber wir müssen jetzt zur Arbeit und unterwegs müssen wir die Kinder bei der Schule absetzen.

Die Kinder? Wie sind wir jetzt schon zu Kindern gekommen? Wurden wir nicht eben erst geboren, nackt und so weiter, eben erst vor einem Moment? Wie sind wir hierher gekommen? Und woher sind wir gekommen? Warum müssen wir sterben? Und *wer* zum Teufel ist dieser Mensch, der da neben mir im Bett liegt? Wieder brechen Fragen über uns herein. Die Unsicherheit. Die Verwirrung. Plötzlich sind wir wach. Wir schauen uns um. Jetzt brauchen wir irgendwelche Anhaltspunkte – und zwar schnell.

Wachgerüttelt in der Mitte eines Lebens

Soeben sind wir in der Mitte des Lebens wachgerüttelt worden. Wir haben eine vage Vorstellung davon, wie wir hierher gekommen sind. Da drüben im Wohnzimmerschrank gibt es Fotoalben. Wir verfügen also über einige feste Beweise, einige Anhaltspunkte. Da gibt es etwa unsere Babyfotos. Die sehen zwar aus wie die vieler anderer Säuglinge, doch wenn du genau hinsiehst, erkennst du die Nase. Dann sind da Bilder aus der Zeit, als wir ein kleines Kind waren, vom ersten Fahrrad, vom Tag der Einschulung, von der Fußballmannschaft, der Klassenfete.

Du kannst sehen, wie die Eltern älter werden, von Bild zu Bild, wie sie zunehmend zu mehr von demselben werden, einfach nur größer, und dann fetter und dann grauer. Dann beginnen sich die Fotos plötzlich zu wiederholen. Babyfotos, die wie die Fotos von vielen Säuglingen aussehen, aber wenn du genau hinsiehst, erkennst du die Nase. Großer Gott – das sind *unsere* Kinder! Und jetzt sind sie Kleinkinder. Und jetzt gehen sie zur Schule. Diesmal sind wir diejenigen, die fett und grau werden.

Hmmm, die Sache könnte ernst werden. Wir befinden uns in der Mitte des Lebens, und wir haben nicht den Schimmer einer Ahnung, was da eigentlich abläuft. Und dann der erste Anhaltspunkt, auf den wir stoßen: Wir werden alt. Wie ist es dazu gekommen?

Ich habe eine anständige Schulbildung bekommen, weil man die eben bekommt. Und weil ich eine anständige Schulbildung bekam, erhielt ich einen ordentlichen Job. Das aber erst, nachdem ich ein paar Monate in der Weltgeschichte herumgetrampt war. Ich war ein ganz schöner Freigeist. Dann kam das Haus. Das ist es schließlich, was man mit seinem Gehalt anfängt. Man kauft ein Haus. Ach ja, beinahe hätte ich es vergessen, da war natürlich auch noch die Heirat. Die kam nach dem Job, aber vor dem Haus. Die Ehe hätte ich beinahe vergessen, sie ist ja auch wie zu einem Teil meiner Einrichtung geworden. Sie wissen, was ich meine. Nicht, dass wir uns nicht lieben: Es ist nur so, dass wir uns inzwischen so gut kennen, dass es nicht mehr viel zu sagen gibt. Wie auch immer, dann kamen die Kinder. Das war schon etwas. Wenn du keine Kinder hast, wirst du nie wissen, was da an dir vorbeirauscht. Aber langsam werden die Kinder älter, und bald verlassen sie das Haus, um eine Ausbildung zu erhalten. Ich mache mir Sorgen darum, ob sie auch einen guten Job finden werden. Ich muss ihnen wahrscheinlich helfen, ihr erstes Haus zu kaufen. Nun, wissen Sie noch, wovon die Rede war?

Wieder setzt das Vergessen ein. Die Mühle der Gedanken klappert weiter. Die Generationen kommen und gehen.

Doch eines Tages schlägt etwas um, wir wachen auf und können nicht mehr vergessen. Wir können nicht wieder einschlafen. Wir sehen uns mit einem Leben konfrontiert, das total überfüllt ist, total voll gestopft mit Verpflichtungen, mit Zeitdruck, Geldsorgen und Ängsten und dem es zugleich so schreiend an einem offensichtlichem Sinn oder an irgendeiner Hoffnung auf Veränderung mangelt.

Was nun?

Der Krempel des Lebens – ich werde ihn ausmisten, sobald ich eine Minute Zeit habe

Angesichts der grundlegenden Erkenntnis, dass wir die Realität unseres außer Kontrolle geratenen Lebens verändern müssen, eines Lebens, das auf seinem Weg ins Nichts ins Schleudern geraten ist zwischen zu bewältigenden Aufgaben und nur noch angetrieben wird von unserem eigennützigen Zynismus, verfallen wir auf das Offensichtliche – wir schieben die Sache hinaus. Wir schinden Zeit: Ich werde ausmisten und alles vereinfachen, sobald ich eine Minute Zeit habe. Später. Morgen. Nächsten Monat. Nächstes Jahr. Wenn die Kinder aus dem Haus sind. Sobald ich pensioniert bin.

Das Problem mit dem Hinausschieben ist, natürlich, dass es nicht funktioniert. Ansonsten wäre es eine wirklich wundervolle Funktion der menschlichen Psyche.

Stellen Sie sich für einen Moment vor, dass der Mülleimer hinausgebracht werden muss. Das mache ich morgen. Mir ist heute Abend nicht danach. Verzögerungstaktik, wie sie im Buche steht. Wirksam. Präzise. Das Problem ist gelöst, wenigstens bis morgen. Energie gespart. Morgen – derselbe Müll, dasselbe Problem, dieselbe Reaktion. Das mache ich morgen. Und so weiter, Abend für Abend, Monat für Monat. Wie schön wäre es, wenn das wirklich funktionieren würde!

Doch in Wirklichkeit häuft sich überall im Haus der Müll an und beginnt zu verrotten. Giftige Gase entweichen. Im Unrat bilden sich Würmer. Die Nachbarn alarmieren die

Gesundheitsbehörde. Das Sozialamt holt die Kinder ab. Der Vermieter beschließt, uns zu kündigen, um seinen Besitz zu schützen. Verzögerungstaktik funktioniert nur in unserem Kopf drin. In der Wirklichkeit funktioniert sie nicht.

Das ist offensichtlich. Außer wenn es darum geht, unser Leben zu ändern. Denn offenbar sind wir davon überzeugt, dass ein Wandel immer erst «später» kommen muss. Und doch wissen wir im Grunde, dass wir uns jetzt ändern müssen. Für Veränderung gibt es keinen anderen Ort und keine andere Zeit. Es gibt nur das Jetzt. Unser Kopf wird uns sagen, dass es ein Später gibt, aber wir wissen, dass sich bis dahin nur der Müll häuft, der unausgemistete Krempel unseres Lebens.

Wenn wir unser Leben vereinfachen, wenn wir ausmisten, wenn wir unser Leben klären wollen, dann ist jetzt die Zeit dafür gekommen. Sobald uns das klar ist, durchbrechen wir die labyrinthischen Strukturen der Verzögerungstaktik und landen mit einem Knall in der Gegenwart. Die Zukunft ist in diesen Augenblick hineinkollabiert. Und so haben wir den Schlüssel zum Wandel entdeckt, denn wir haben herausgefunden, wo der Wandel wohnt. Wir haben das Jetzt entdeckt.

Jetzt gibt es keine Entschuldigungen mehr. Jetzt bleibt uns kein Morgen. Jetzt stehen wir in unmittelbarer Verbindung zum Stoff unseres Lebens. Wir können die Last der Vereinbarungen und Verpflichtungen spüren, welche den Druck der Zeit erzeugen, der uns ständig vorantreibt in die Zukunft.

Jetzt wollen wir also ausmisten. Jetzt wollen wir jene zeitlose Qualität des Lebens finden, von der wir wissen, dass es sie gibt. Jetzt wollen wir endlich den Ausdruck unserer Liebe und unserer Verbundenheit mit der Welt finden, den eigentlichen Sinn unseres Lebens. Jetzt wollen wir uns den Fragen von Leben und Tod stellen, anstatt ihnen auszuweichen. Jetzt wollen wir ehrlich und nicht mehr strategisch miteinander kommunizieren. Jetzt wollen wir uns zusammentun, statt einsam ums Überleben zu kämpfen. Jetzt wollen wir uns unseren Ängsten stellen, statt sie auszuagieren.

Jetzt.

Was sind das bloß für Leute in meinem Leben?

Wir packen es. Diesmal packen wir es wirklich. Es ist JETZT! Es ist nicht SPÄTER. Später ist NIE. Jetzt haben wir es. Wir sind bereit für Veränderung. Raus mit dem Alten und herein mit dem Neuen. Zunächst entrümpeln wir die Schränke und schicken einen Lieferwagen voll zum Trödelladen der Heilsarmee. Dann misten wir den Kram aus, der in unseren Zimmern herumliegt, die Stapel von Büchern, die wir niemals lesen werden, den Fernseher, das Bett mit der kaputten Sprungfeder, in dem unser Ehepartner schläft. Wir werden sogar den Ehepartner ausmisten – doch hoppla, wir haben vergessen, dass wir in einer Beziehung stecken. Wir haben Abmachungen, eine Geschichte, eine Zukunft.

Da haben wir ein Problem. Mit diesem Problem sind wir verheiratet. Wir haben das Problem in die Welt gesetzt. Oder das Problem hat uns großgezogen. Oder es hat sich mit uns angefreundet. Oder es arbeitet mit uns. Das Problem ist Folgendes: Wir haben Freunde und eine Familie, Arbeitskollegen und Nachbarn. Diese Menschen sind ein integraler Bestandteil unseres Lebens. Sie definieren unser Leben in einem erheblichen Ausmaß. Wir stehen unter Vertrag. Jetzt wollen wir uns verändern. Doch das ist mit keiner Klausel unseres Vertrages vorgesehen.

Unsere Freunde und unsere Familie mögen uns gerade so, wie wir sind, selbst wenn sie uns so, wie wir sind, nicht gerade besonders mögen. Sie lieben es, uns nicht so zu lieben, wie wir sind. Es hat etwas ungemein Sicheres und Beruhigendes, wenn man weiß, woran man ist – ob man das nun besonders mag oder nicht –, woran man mit jemandem ist, mit dem man seine Zeit verbringt. Wenn wir beginnen, uns zu verändern, gerät diese Sicherheit in Gefahr. Dieses Netzwerk von Menschen, dieses Netzwerk von Einflüssen, reagiert auf die einzige Weise, auf die es zu reagieren vermag.

Es versucht, den Wandel aufzuhalten. Es versucht uns dazu zu bringen, derselbe zu bleiben. Es versucht uns einzuschüchtern, es impft uns Schuldgefühle ein, es redet uns ein, wir seien undankbar, egoistisch, unzuverlässig und dergleichen mehr. Alles mit dem Ziel, uns als die Persönlichkeit zu erhalten, die wir sind.

Na und, was sind das schon für Leute?

Es sind unsere Eltern. Sie haben uns geboren und immerhin großgezogen. Das gibt ihnen das Recht, sich in jedes kleinste Detail unseres Lebens einzumischen. Das ist eine vorgegebene Regel. Oder ist es eine angenommene Regel? Und wer, zum Teufel, hat diese Regeln aufgestellt? Ist die Elternschaft nicht eine Funktion, die ihre Zeit und ihren Ort hat, die aber auch eine Zeit und einen Ort hat, zu dem sie sich in etwas Weiteres verwandeln sollte? Eltern gewöhnen sich dermaßen an die Elternschaft, dass sie oft eine Gewohnheit daraus machen und fortfahren, ihre Kinder zu bemuttern, selbst wenn diese längst Erwachsene geworden sind. Was dabei herauskommt, sind Kinder in fortgeschrittenem Alter sowie gealterte Eltern, und keine der beiden Parteien ist fähig, sich zu ändern.

Dann ist da der Partner, die Ehefrau, der Ehemann, der Freund, die Freundin, was immer. Hier wird die Geschichte etwas komplizierter. Hier haben wir uns *tatsächlich* auf einige Abmachungen eingelassen. Wir haben behauptet, zu lieben, und wir haben Liebe als Gegenleistung erwartet. Wir haben uns auf einen sozialen Kontrakt eingelassen, der auf unseren tiefsten Gefühlen basiert. Er ist ein Schlüsselelement unseres Lebens. Aber was sind unsere tiefsten Gefühle? Woher kommen sie? Und sind sie immer noch unsere tiefsten Gefühle, oder haben wir inzwischen noch tiefere Gefühle entdeckt, die vom Vertrag jedoch nicht mehr ausgedrückt werden? Dieser Teil unseres Lebens hat den Wandel am nötigsten, und zugleich widersetzt er sich dem Wandel am hartnäckigsten.

Dann sind da die Kinder. Sie haben sich nicht selbst erzeugt, wir haben das getan. Wir haben eine Beziehung zu ihnen aufgebaut, eine Struktur von Übereinstimmungen und Meinungsverschiedenheiten. Sie müssen da durch und sind eifrig bemüht, erwachsen zu werden, um dann endlich einen Bruch herbeiführen zu können und sich ihr eigenes verkorkstes Leben zusammenzubasteln. Diese Kinder brauchen alles, von einem Wundpflaster bis zu Zahnspangen, von der Liebe eines Heiligen bis hin zu Salomonischer Weisheit. Außerdem muss man imstande sein, obskure Wörter zu buchstabieren, sich daran zu erinnern, wie man eine Gleichung mit zwei Unbekannten löst, und soll wissen, was ein Ribosom ist. Dies ist ein Vertrag aus der Hölle. Wir haben einen Blankoscheck ausgestellt und ihn unterschrieben. Wir haben den Kindern diesen Scheck ausgehändigt, und sie schreiben da rein, was ihnen gefällt.

Die weniger wichtigen Figuren in unserem Leben sind die Arbeitskollegen und der Chef, die Nachbarn und die Freunde. Mit ihnen teilen wir Verhaltensmuster und Gewohnheiten, Wohnort und Arbeitsstelle, Erholung und Freizeit. Es geht hier um vorhersehbare, messbare Verhaltensmuster, durch welche Beziehungen zu anderen hergestellt werden, die sich an dieselben Muster halten. An diesem Punkt sollten wir uns darauf gefasst machen, neue Freunde finden zu müssen, wenn wir unser Verhalten ändern – ungefähr so, wie sich unsere Nachbarn ändern, wenn wir unseren Wohnort verändern. Und wenn wir unsere Einstellung am Arbeitsplatz ändern, sollten wir damit rechnen, unseren Lebenslauf wieder hervorzuholen und uns nach einer neuen Stelle umsehen zu müssen.

Die Menschen in unseren Leben erwarten bestimmte Dinge von uns, und wir erwarten bestimmte Dinge von ihnen. Sie sind Manifestationen der Art und Weise, wie wir unsere Umwelt verstehen und zu ihr in Beziehung treten. Wir alle wissen, dass da irgendetwas nicht ganz in Ordnung ist. Unser Leben und unsere Beziehungen haben etwas Mechanisches an sich, etwas, das sich ständig wiederholt. Wir haben uns daran gewöhnt, wie Schlafende durch die Tage und Jahre des Lebens zu wandeln. Aber tief im Inneren wissen wir, dass es noch mehr geben muss, etwas anderes.

Diese Unzufriedenheit wird immer drängender. Wir sehnen uns immer mehr nach Veränderung, nach etwas, das mehr Substanz, mehr Sinn, mehr Tiefe in unser Leben bringt.

Egoismus kontra Ichlosigkeit

Das, was uns dazu drängt, uns zu ändern, kann uns zu mehr Egoismus oder zu mehr Ichlosigkeit führen. Eine Bewegung hin zu mehr Egoismus ist wahrscheinlicher. Unsere tiefe Unzufriedenheit kann all unsere Energie für die Suche nach etwas mobilisieren, das uns ein erhöhtes Lebensgefühl verleiht. Und das ist im Allgemeinen Egoismus. Er führt zum Streben nach Geld, Ruhm, Ansehen, Sex, Macht – einfach irgendetwas, das uns die Wünsche erfüllt, denen wir für gewöhnlich anhängen.

Wir versuchen es mit neuen Identitäten. Wir polieren unser Ich auf. Wir lesen Bücher über Selbsthilfe. Wir besuchen Seminare zur Stärkung der persönlichen «Power». Wir gehen ins Fitnessstudio. Wir versuchen, unsere Position im Leben aufzuwerten – unsere Macht, unsere Finanzen, unsere Vormachtstellung. Oder wir versuchen zumindest unseren Bekanntheitsgrad in der Familie, am Arbeitsplatz oder in unserer Gemeinde zu erhöhen. Wenn wir eine Firma leiten, dann versuchen wir die Konkurrenz zu übertrumpfen. Wenn wir Gruppenleiterin beim Christlichen Verein Junger Mädchen sind, dann erbringt unsere Gruppe bei Sammelaktionen im weiten Umkreis die meisten Spenden.

Das Ungenügen, welches aus der Erkenntnis erwächst, dass wir festgefahren sind, treibt uns dazu, «mehr» und «besser» sein zu wollen. Dieses «mehr» kann auch bedeuten, ein noch größerer Versager zu sein, noch neurotischer oder noch deprimierter zu werden, als wir es ohnehin schon sind. Es geht um *irgendeine* Identität, und so spielt es für diese Art von Egoismus keine Rolle, ob er uns zum Erfolg oder in die perfekte Sicherheit des Versagens führt.

Paradoxerweise ist dieser Weg in den Egoismus für einige von uns etwas ausgesprochen Befreiendes. Wir erfüllen damit tatsächlich die Vorgaben unserer egoistischen Strebungen. Wir werden mächtig oder wir werden Versager. Wir reiben uns in dem egoistischen Leben unserer Konditionierungen geradezu auf. Und doch bleibt in uns das Wissen darum, dass wir nur ein mechanisches und sich wiederholendes Leben führen. Die Leere ist nach wie vor da. Trotz der Macht, der Anerkennung, des Geldes und all des anderen, das wir auf der Suche nach Erfolg angesammelt haben, hat sich die Leere nicht vertreiben lassen. Der Drang hin zur Transzendenz ist immer noch da, trotz dieser Welt von neurotischen Verstrickungen, Abhängigkeiten und Depressionen, die wir in unserem Streben nach Erfolg oder Versagen erzeugt haben. Das Ungenügen ist immer noch da.

Indem wir unserem Egoismus Geltung verschaffen, mögen wir entdecken, wie beschränkt doch Egoismus ist.

Und an diesem Punkt kann sich unsere Ausrichtung ändern. Uns scheint klar zu werden, wie müßig die Bewegung hin zum Egoismus ist, und wir beginnen stattdessen nach einem Zustand der Ichlosigkeit zu streben. Also machen wir uns in unserer Umgebung auf die Suche nach diesem magischen Zustand. Wir versuchen es mit Religionen – neuen, alten, reformierten, östlichen, westlichen, orthodoxen. Wir probieren selbst Religionen aus, die auf solch haarsträubenden Ideen basieren, dass man meinen könnte, sie seien von einem Science-Fiction-Autor ausgedacht worden. Ja, wir können es sogar mit einer Religion versuchen, die *tatsächlich* von einem Science-Fiction-Autor ausgedacht wurde. Kurz gesagt: Wir werfen jedes bisschen Intelligenz, Gefühl, Intuition und Wissen, das wir besitzen, über Bord, um an etwas glauben zu können, das völlig lächerlich ist – UFOs, die in Kometenschweifen zur Erde kommen, um uns abzuholen; entkörperte Wesen aus anderen Welten, die vor Millionen von Jahren an irgendwelche Vulkane gekettet wurden; der Geist von zehntausend Jahre alten Kriegerkönigen, welche aus dem Jenseits heraus Kommentare zu unseren Problemen abgeben.

Verzweifelt versuchen wir, an etwas zu glauben. Wenn wir nur an etwas glauben können, an *irgendetwas*, dann wird es uns ganz bestimmt gut gehen. Wir versuchen es. Wir glauben. Wir glauben *tatsächlich*. Und wir freunden uns mit anderen Gläubigen an. Wir erörtern unsere Glaubenssätze. Wir praktizieren unsere Glaubenssätze.

Doch irgendwann bringen wir es einfach nicht mehr.

Wir bringen es nicht fertig, alles für unseren Glauben über Bord zu werfen. Das Ungenügen ist immer noch da. Dieses beunruhigende Gefühl, welches uns daran erinnert, dass wir ein mechanisches, sich wiederholendes Leben führen, ist weiterhin da. Also stürzen wir uns in die Spiritualität – entweder um unsere religiösen Glaubenssätze zu ergänzen oder um sie zu ersetzen. Wir versuchen es mit Yoga, Meditation, Astrologie. Wir werden gesünder, ruhiger, lichter. Wir übernehmen den entsprechenden Jargon, und wir gehen sogar ein Stück des Weges. Wir können mit Überzeugungskraft über das Herz-Chakra oder unseren Mond im Steinbock reden. Wir sitzen in der Lotosstellung, tragen an einer Kette einen Rosenquarz um den Hals, kauen beim Essen achtsam und schmecken die Frische von Salat, der aus Spinat und Getreidekeimlingen mit fettfreiem Vinaigrette-Dressing zubereitet wurde. Weit haben wir es gebracht in diesem Geschäft mit der Ichlosigkeit. Wir sind sehr erleuchtet.

Tatsächlich sind wir sehr verwirrt.

Das Ungenügen in unserem Leben hat uns zu einem Zerrbild von Ichlosigkeit geführt. Von außen besehen, sieht das zwar völlig echt aus, aber wir wissen es besser. Unser Ich ist in bester Form, es vergnügt sich mit dem Drum und Dran der Spiritualität. Aus seiner narzisstischen Perspektive heraus geht es dem «Ich» besser denn je.

Das Ich hat in seinem Streben nach Ichlosigkeit zum Egoismus gefunden.

Jetzt sind wir in einer Zwickmühle. Die Bewegung hin zum Egoismus ist nicht befriedigend, und die Bewegung hin zur Ichlosigkeit verstrickt uns nur noch tiefer mit dem Ich.

Das Ungenügen bleibt. Wir geraten ins Schleudern. Wir schwanken hin und her. Und mitten in diesen sich widersprechenden Bewegungen stehen wir mit einem Mal absolut still. Das Ungenügen, unsere Not wächst. Wir bewegen uns nicht. Wir haben gesehen, wie wir in dem Bestreben, irgendwohin zu gelangen, endlos im Kreis gelaufen sind und nirgendwo ankommen. Für diesen einen, frischen Augenblick geben wir das Streben auf, wir lassen davon ab, etwas anderes sein zu wollen als das, was wir sind.

In der Stille dieses Augenblicks sind wir, endlich, endlich, irgendwo angekommen. Wir sind hier. In diesem Augenblick. Und in diesem Augenblick ohne Geschichte und ohne Zukunft sind wir weder egoistisch, noch haben wir einen Weg zur Ichlosigkeit gefunden. Da ist einfach niemand vorhanden. Da ist nur der Augenblick, die Stille.

Und dann, genauso plötzlich, sind wir wieder da. Es war nichts weiter als eine erstaunliche Erfahrung. Wir waren für einen Augenblick frei von der Last, vom Schmerz, von der Verwirrung des Lebens, denn für einen Augenblick waren wir frei von uns selbst. Nun sind wir wieder da, und diese Erfahrung halten wir in der Erinnerung fest. Wir erinnern uns daran. Wir beginnen, sie erneut zu suchen. Wir *müssen* diese Erfahrung finden – eine Erfahrung, die doch gerade in der Abwesenheit eines Erfahrenden besteht.

Wir suchen. Und wir suchen. Und wir suchen.

Sie lässt sich nicht wiederfinden, weil wir stets am falschen Orten suchen. Wir suchen auf dem Gebiet des Denkens, der Erinnerung, der Erfahrung von dem, was Nicht-Denken ist – das heißt Nicht-Erinnerung, Nicht-Erfahrung, Nicht-Ich.

Wir beginnen also nach etwas zu suchen, was nur zu finden ist, wenn die Suche aufhört. Diese Suche *kann* nicht finden, wonach sie sucht. Ihre einzige Hoffnung ist, sich zu erschöpfen und an ihr eigenes Ende zu gelangen, ans Ende der spirituellen Suche.

Das Überstehen überstehen

> *Das Leben ist einfach nur eine
> verdammte Sache nach der anderen.*
> Elbert Hubbard

**Den Tag überstehen, die Rechnungen überstehen,
den Anruf von Mama überstehen**

Viel von dem, was wir im Leben tun, besteht schlicht darin, es hinter sich zu bringen. Das ist alles. Darin besteht die Leistung. Wir haben einen weiteren Tag überstanden. Wir haben es geschafft, die Kinder zur Schule zu bringen. Wir haben es zur Arbeit geschafft. Wir haben es geschafft, während der Mittagspause beim Auto einen Ölwechsel vornehmen zu lassen. Wir haben eine Präsentation hinter uns gebracht. Wir haben es durch den Berufsverkehr geschafft. Wir sind durch den Verkehr unseres Lebens gekommen. Wir haben überlebt.

Angesichts der Komplexität und der Herausforderungen der heutigen Welt ist das schon eine ganz beachtliche Leistung. Doch ist das genug?

Wir werden im Leben von Kräften angetrieben, deren wir uns kaum bewusst sind. Jeder von uns hat einen inneren Fahrplan, der aufgrund der gesammelten Botschaften an Zustimmung und Ablehnung und aus dem zugrunde liegenden biologischen Erbgut zustande kam. Wir sind vorsichtig oder sorglos, introvertiert oder extrovertiert, detailversessen oder am großen Ganzen orientiert, ordentlich oder unordentlich. Hinzu kommen zahllose Eigenschaften, die sich mit der Wirklichkeit verbinden, die wir uns persönlich zurechtgemacht haben, die uns ein Gefühl von Festigkeit vermitteln.

Diese individuelle Konstruktion ist nahtlos verbunden mit der gesamten Konstruktion, innerhalb deren wir die Funktionen von Vater oder Mutter, Ehepartner, Kind, Arbeiter, Unternehmer, Wissenschaftler, Politiker, Soldat oder irgendeines anderen Zahnrädchens in der Maschinerie des gesellschaftlichen Zusammenhalts erfüllen.

Aufgrund der persönlichen und gesellschaftlichen Realität wissen wir, was wir Tag für Tag zu tun haben. Diese Konstruktionen geben uns Ordnung und Sicherheit. Sie helfen uns, den Tag zu überstehen.

Wenn es uns auf der sozialen Ebene an Antrieb mangelt, brauchen wir nur den Stapel der sich anhäufenden Rechnungen anzusehen, um die Energie aufzubringen, zur Arbeit zu gehen. Wenn die Antriebskräfte auf irgendeiner anderen Ebene absacken, brauchen wir nur zum Telefon zu gehen. Es ist ein Anruf von Mama.

Mütter kommen uns wie Übersetzer der Gesamtheit unserer persönlichen und sozialen Verhältnisse vor. Manchmal sieht es gar so aus, als seien sie die Urheber dieser Verhältnisse. Wir wissen, dass sie uns geschaffen haben, und das ist eine ehrfurchtgebietende Vorstellung. Wenn Mama also zu uns sagt: «Wie geht es dir denn so?», dann ist das mehr als eine schlichte Grußformel. Der Schöpfer fordert vielmehr seine Schöpfung auf, den Wert und Sinn seiner Schöpfung zu bezeugen. Womit der Schöpfer andeutet, der Akt der Schöpfung selbst könnte ein Irrtum gewesen sein.

Einen Anruf von Mama zu überstehen ist eine der großen Herausforderungen des Lebens. Wenn Mama unsere Erklärungen abnimmt, dann sind wir vielleicht auf dem richtigen Weg. Meistens sagt Mutter: «Ach so, meinst du denn wirklich …?», und wir wissen, dass wir offenbar noch immer auf dem Holzweg sind.

Tatsache ist, dass wir beide im selben Boot sitzen. Sie braucht uns, um auf dem rechten Weg zu sein, um das Überstehen des Lebens zu überstehen, um ein vernünftiges Leben herzeigen zu können. Mama hat uns die Angelegenheiten zur Erledigung überlassen, die sie selber noch nicht erledigt hat. Nun schaut sie uns zu in der Hoffnung, dass wir mit unserem Leben eine andere Möglichkeit der Bewältigung demonstrieren. Diese Möglichkeit ist das Geschenk unserer Mutter. Sie wird es erkennen, sobald sie es bei uns sieht. Alles, was nicht daran heranreicht ist ... «ach so?»

Wenn dir nicht klar ist, was das Leben dir sagen will, ruf deine Mutter an. Dann wirst du ziemlich schnell herausfinden, ob du auf dem Holzweg bist oder nicht. Die Botschaft deiner Mutter wird klar und deutlich sein. Mütter sind eben so.

Weniger ist mehr – mehr oder weniger

> *Der Mensch ist die einzige Kreatur, welche die Zeit und die Energie zu besitzen scheint, ihren gesamten Abfall ins Meer zu pumpen, um anschließend darin schwimmen zu gehen.*
> Miles Kington

Weniger ist mehr. Das scheint tatsächlich wahr zu sein – mehr oder weniger. Wir zahlen einen Preis für die Komplexität und all den Kram in unserem Leben. Wir sind besessen von unserem Besitztum, werden von unserem Beruf beherrscht, und wir existieren, um unseren finanziellen Verpflichtungen nachzukommen, gewiss nicht bloß, um Erfüllung zu finden.

«Vereinfache, vereinfache!» Der puritanische Schriftsteller Henry David Thoreau empfahl, sein Leben zu vereinfachen, aber das war lange bevor der Waldensee, an dem er in einer bescheidenen Hütte als Einsiedler lebte, von Reihenhäusern umzingelt war.

Was bedeutet es heute, sein Leben zu vereinfachen? Es gibt heute eine wachsende Bewegung der Vereinfacher, aus der uns alle möglichen guten Ratschläge erteilt werden. Vereinfachungs-Berater empfehlen uns, den Geldwert der Dinge, die wir kaufen, in die Zeit zu übersetzen, die wir brauchen, um dieses Geld zu verdienen, und dann zu betrachten, ob der Gegenwert die Anstrengung wert ist. Niemand, der noch ganz richtig im Kopf ist, würde ein Jahr lang an einer öden Arbeitsstelle verbringen, um sich ein Auto leisten zu können, das ihn zu seiner öden Arbeitsstelle bringt. Wenn wir einmal ausrechnen, wie viel wir ausgeben, um für die Kosten des Arbeitslebens aufzukommen – Einkommenssteuer, Sozialversicherung, Fahrtkosten, Versicherungen, Lebensmittel, Kindermädchen –, dann gewinnen wir den Eindruck, dass sich Arbeiten nicht lohnt. Eher würde es sich lohnen, am *Nicht-Arbeiten* zu arbeiten und, um es präziser zu sagen, daran zu arbeiten, nichts auszugeben.

Sobald wir aufhören zu kaufen, können wir beginnen zu investieren. Die Propagandisten der Vereinfachung erwarten von uns, dass wir einige Jahrzehnte in einer billigen ebenerdigen Wohnung verbringen, dass wir Bohnen essen, die wir mit Hydrokultur in der Badewanne anbauen, dass wir Kleidung aus dem Secondhandladen tragen, dass wir auf dem Fahrrad durch Regen und Schnee radeln, statt mit dem Auto zu fahren, und dass wir uns selbst etwas vorsingen, um die Kosten für Unterhaltung zu sparen. Man rät, seine Ersparnisse in kurzfristigen Schatzwechseln anzulegen. Schatzwechsel werden von japanischen Investoren bevorzugt, die aus ihrem zusammenbrechenden Aktienmarkt flüchten, von Menschen in Rente während der letzten Jahre ihres Lebens – und von Vereinfachungs-Beratern, die selbst nicht durch den Kauf von Schatzwechseln zu Geld gekommen sind. In dieser theoretisch «einfachen Welt» wird es uns möglich sein, mit bescheidenstem Einkommen in dem dürftigen Stil, den wir entwickelt haben, weiterzuleben – ohne zu arbeiten. Das heißt, solange die Inflation nicht den Wert unserer Schatzwechsel wegfrisst, andernfalls dürfen wir den bescheidenen Lebensstil fortsetzen – *und* arbeiten gehen.

Für einige Menschen mag dieses einfache Leben ja attraktiv sein. Anderen mag es ein wenig zwanghaft vorkommen. Statt zur Arbeit zu gehen, um das Geld zu verdienen, von dem wir leben, bleiben wir nun zu Hause und arbeiten dafür, das Geld, von dem wir leben, nicht auszugeben.

Ist Vereinfachung nicht vielleicht doch etwas ganz anderes? Liegt der Kern eines einfachen Lebens nicht vielleicht im Anerkennen der Tatsache, dass wir in Beziehung leben, ob wir aktiv arbeiten oder nicht? Ist ein einfaches Leben nicht doch eher ein ausgeglichenes Leben, ein Leben von Einbezug und Offenheit statt ein Leben von Ängstlichkeit und Abschottung?

Für einige von uns mag Vereinfachung bedeuten, zur Arbeit zu gehen, einen lohnenderen Beruf zu finden, eine neue Firma zu gründen oder ihre berufliche Qualifikation zu verbessern, sodass sich sich selbst finanziell zu stabilisieren vermögen. Für andere mag Vereinfachung bedeuten, dass sie überkonsumieren, von Geld besessen sind und aus Angst arbeiten. Doch für uns alle kann Vereinfachung nur daraus erwachsen, dass wir zunächst unsere wechselseitige Verbundenheit mit dem Leben um uns herum anerkennen.

Unser Problem zu lösen bedeutet noch nicht, *das* Problem zu lösen. Unser Problem ist unser Geld und unser Leben. Dieses Problem lässt sich entweder dadurch lösen, dass wir viel Geld verdienen, oder dadurch, dass wir nicht viel Geld ausgeben. Im Grunde spielt es keine Rolle, welche Realität wir uns als unseren Lebensraum erschaffen.

Das wahre Problem besteht darin, dass wir unser Leben in jener Isolation verbringen, die Angst mit sich bringt. Das wahre Problem ist, dass wir uns darein bescheiden, eine Realität zu konstruieren und dann in dieser Schublade zu leben. Das wahre Problem bin «ich».

Die wahre Vereinfachung, die *einzige* Vereinfachung, besteht nicht darin, dass wir unsere Arbeit oder unser Einkommen abbauen, sondern dass wir uns selbst abbauen.

Seine Rolle ablegen
– und sich in einer neuen Rolle wiederfinden

> *Das Einzige, was ich am Theater stets bedauert habe, ist, dass ich nie in der ersten Reihe sitzen und mir selbst zuschauen konnte.*
> John Barrymore

Wir alle lieben Geschichten. Wir alles lieben es, Geschichten zuzuhören, und wir lieben es, Geschichten zu erzählen. Unsere Lieblingsgeschichte ist diejenige, die wir selbst geschrieben und produziert haben und in der wir die Hauptrolle spielen. Ob es sich dabei um eine Komödie, ein Drama, eine Tragödie oder eine Abenteuergeschichte handelt, spielt keine Rolle. In unserer Welt ist dies die Wirklich-größte-jemals-erzählte-Geschichte, ein Blockbuster, ein alle Charts dominierender, alle Besucherrekorde brechender Dauerbrenner.

Es ist *unsere* Geschichte.

Die Geschichte MEINES Lebens.

Hauptrolle: Ich, Drehbuch von mir.

Frei nach dem Bestseller *Die Geschichte des Lebens meiner Eltern*.

«Einfach spitze!» – Ich.

Zugegeben, ein bisschen abgedroschen ist sie ja, diese Geschichte. Sie wurde bereits milliardenfach auf Milliarden unterschiedliche Weisen erzählt. Doch werden wir ihrer einfach nicht müde.

Am Anfang der Geschichte werden wir geboren. Ein bedeutendes Ereignis. Nach einer Kindheit, die vor allem dadurch hervorsticht, wie unsere Begabungen durch elterliche Missachtung zunichte gemacht wurden, werden wir zu Jugendlichen. In herzzerreißenden Szenen erfahren wir das gesamte Ausmaß der elterlichen Scheinheiligkeit sowie die Verlockungen der Sexualität. Dann tun sich vor uns die Abgründe von Drogen, Alkohol und anderen Formen der Verwirrung auf. Vielleicht geschieht das erst später, wenn die erste Ehe kaputtgeht oder wenn wir die erste geschäftliche Pleite hinter uns haben. Wie auch immer.

Der wichtige Punkt ist, dass es zum größten Teil an unseren Eltern oder unserem ersten Ehemann oder an unserer zweiten Frau lag. Aber wir sind jetzt in Therapie und wir wollen die Verantwortung für unser Leben übernehmen. Bei dem Leben, das wir gehabt haben, ist das keine leichte Sache. Das ist der Grund, warum wir nicht genug Geld, Liebe, Gesundheit oder Glück haben. Das ist der Grund, warum wir nicht können, nicht wollen oder nicht sollen. Das ist der Grund, warum wir Angst haben. Das ist der Grund, warum wir die erdrückende Last, zu der unser Leben geworden ist, auf uns nehmen. Das ist der Grund, warum wir hilflose Opfer von Kräften sind, über die wir nicht gebieten. Wenn unsere Eltern nur bessere Eltern gewesen wären! Aber es ist schon mal gut, dass wir einfach nur unsere Geschichte erzählen können.

Na ja, ein wenig schal ist sie, diese Geschichte. Gewiss ist das alles nicht zum ersten Mal passiert. Aber *diese* Geschichte ist anders, ganz einfach, weil doch Ich die Hauptrolle darin spiele. Das ist es, was sie so interessant macht. Ich.

Das jedenfalls würden wir gerne so glauben. Tatsache ist, dass die Geschichte schal ist, weil der Geschichtenerzähler selber schal ist.

Wir pressen unser Leben in eine Geschichte, die wir

schon so lange erzählt haben, dass darüber vergessen ging, *dass* wir diese Geschichte erzählen. Und wir haben übersehen, dass es eine Nacherzählung der Geschichte unserer Eltern ist, der Geschichte unserer Nachbarn, der Geschichte unserer Lehrer. Aber wir fahren fort, die Geschichte unseres Lebens zu erzählen, ganz einfach weil wir nichts Besseres zu tun wissen.

Wir versuchen die Geschichte anzupassen, sie zu verbessern, sie auszuschmücken. Aber irgendwie bleibt sie trotzdem banal, flach und voller Wiederholungen.

Wir erzählen unsere Geschichte, weil es uns hilft, der Welt um uns herum einen gewissen Sinn abzugewinnen. Sie gibt uns einen Bezugspunkt für unser Handeln. Sie sagt uns, wie wir handeln sollen und warum. Sie sagt uns, warum wir versagen, warum wir unglücklich sind. Und wie alle Mythen hat auch diese Geschichte ihre Götter und Göttinnen, Dämonen und Dämoninnen.

Ohne die Geschichte wüssten wir nicht, wo wir gewesen sind oder was wir zu erwarten haben. Ohne die Geschichte würde der Geschichtenerzähler, der Autor und Produzent, würde das «Ich» zu einem Ding der Vergangenheit, es wäre zu nichts nutze, ein wahrer Niemand.

Wir würden zu nichts.

Keine weiteren Szenen – der letzte Vorhang

Die Show ist vorbei, sobald wir erkennen, dass es eine Show ist. Wenn wir klar sehen, dass die Geschichte eine Geschichte ist, dass der Geschichtenerzähler eine Geschichte ist, dass das «Ich» eine Geschichte ist, dann fällt der Vorhang. Der Applaus ist ohrenbetäubend durch seine absolute Stille.

Wir haben entdeckt, dass es im Zentrum unserer Existenz keinen Kern gibt. Es ist sprichwörtlich wie bei der

Zwiebel: Wenn wir eine Schale nach der anderen abziehen, bleibt schließlich nichts. Nichts ist das Zentrum unserer Existenz. Im Kern ist niemand.

Wir mögen hier das Wort *Nichts* benutzen, aber das ist es nicht, was in unserem Zentrum ist. Wir könnten sogar sagen, in unserer Mitte befinde sich *Alles*. Wir könnten es «Liebe» nennen oder «Bewusstsein», oder wir könnten von einem unendlichen Feld des Gewahrseins sprechen, in dem alles entsteht, einschließlich der Idee eines getrennten Ichs.

Was im Zentrum ist, ist nicht in der Sprache, es ist weder Subjekt noch Objekt; es liegt nicht im Denken, noch lässt es sich mit irgendeinem Wort benennen.

Es ist nicht abgespalten, also lässt es sich nicht als Objekt betrachten.

Es ist kein Besitz, also kann es nicht mir gehören.

Hier, endlich, finden wir das Leben selbst.

Sein ohne Tun, ein zum Schweigen gebrachtes Skript, die größte Geschichte. Auf ewig bleibt sie unerzählt.

Und das soll alles sein?

> *Sollten Sie einen klaren Kopf bewahren, wenn alle um Sie herum den Kopf verlieren, dann könnte es sein, dass Sie den Ernst der Lage einfach noch nicht begriffen haben.*
> Jean Kerr

Eine fundamentale Frage

Wenn wir für einen Moment innehalten, um einen Blick auf die Gesamtheit unseres Lebens zu werfen, auf die Beziehungen, die Besitztümer, die Erfolge und Misserfolge, die Hoffnungen und Träume, so sehen wir uns mit der Frage konfrontiert: Soll das denn etwa alles sein?

Ist das alles, was es gibt? Ist das der Sinn des Lebens? Ist es das, worauf Milliarden von Jahren der physischen Organisation von Materie, mehrere Millionen Jahre an Aufbau von Organismen und Tausende von Jahren an gesellschaftlicher Organisation des Menschen hinauslaufen? Die am Elften des Monats fällige Stromrechnung. Ein Latte macchiato bei Starbucks. Weniger Schlaf, als wir uns wünschen würden. Der Yogakurs am Donnerstagabend. Ein Buch über tibetischen Buddhismus auf dem Nachttisch. Ein Landrover, mit dem wir zur Arbeit fahren und die Kinder vom Fußballspiel abholen. Eine Partnerschaft, die a) nur eingebildet, aber inexistent ist; b) die es gibt, die neu ist, vielleicht sogar aufregend, aber noch nicht auf Dauer erprobt und der wir noch nicht recht trauen; c) die es gibt und der wir trauen, die aber ein bisschen schal geworden ist; oder die d) nichts von alledem ist.

Ist das etwa alles? Sind wir wirklich der Ausdruck, der Kulminationspunkt von allem, was uns vorangegangen ist? Ist dies der Sinn des Lebens?

Wer bin ich?

Zur spirituellen Mythologie der letzten hundert Jahre gehört die Geschichte eines Schuljungen, der in seinem kleinen Dorf in Indien eines Tages von der Schule nach Hause kam und unversehens über die Absurdität seiner Existenz ins Grübeln geriet. Ist dies etwa alles? Wie könnte es das sein? Nein, das kann nicht alles sein.

Mitten in seiner Grübelei brach plötzlich eine überwältigende Angst vor dem eigenen Tod über ihn herein, vor dem Ende von all dem, was er war und was er kannte. Seltsamerweise lief er vor dieser Angst nicht davon, sondern beschloss, den eigenen Tod zu erfahren.

Er legte sich auf den Rücken, betrachtete seinen Körper aus der Perspektive eines Mystikers und fragte sich, was bleibt, wenn der Körper stirbt. Wer bin ich?

Es wird erzählt, der Schuljunge Venkataraman Aiyer, später bekannt als Ramana Maharshi, habe die Frage «Wer bin ich?» mit solcher Intensität kontempliert, dass er nichts fand, was ein dauerhaftes Ich darstellt, außer der unendlichen Stille des kosmischen Bewusstseins. Später wurde er zum großen Heiligen erklärt, und um ihn herum entstand ein Ashram. Bis zu seinem Tod in der Mitte des vergangenen Jahrhunderts tat Ramana Maharshi wenig mehr, als diese Erforschung der Natur des Ich zu lehren.

Was sollen wir mit dieser Geschichte anfangen?

Wir könnten sie einfach als Legende betrachten, was sie vielleicht ist, vielleicht aber auch nicht. Wir können uns von ihr an einen großen Mystiker erinnern lassen, der die Art von

Leben transzendierte, welches wir leben. Wir können uns in der eigenen spirituellen Praxis durch Ramanas Worte und durch dessen Abbild inspirieren lassen. Wir können sein Leben erörtern und uns Gedanken darüber machen, was es für uns bedeutet. Wir können sogar jene aufsuchen, die als Ramanas Schüler gelten, um von ihnen zu lernen. Oder die Schüler dieser Schüler. Heute lassen sich selbst Schüler der vierten Generation finden.

Oder wir können all die Mythen, Linien und Lehren vergessen und uns selbst diese Frage stellen. Wer bin ich?

Was ist das Wesen dieses Gefühls von Identität in unserem Zentrum? Wer ist es, der die Realität betrachtet? Wer ist es, der lebt und stirbt? Was geht der Empfindung eines Ich voraus, und was geschieht, wenn dieses erlischt? Ist der Körper das Zentrum unseres Universums? Sind der Körper und seine biochemischen Prozesse das, was wir sind? Ist das alles, was es gibt?

Dies sind mehr als intellektuelle Fragen. Dies sind existenzielle Fragen, Fragen, bei denen es um unser Dasein selbst geht. Diese Fragen zielen aufs Ganze. Schränken wir uns ein auf die Welt, die wir mit unseren Gedanken beschreiben? Die kleine Realität des Denkens ... soll das etwa alles sein?

Ein leicht verrückter Mönch setzte sich an einen Tisch des Restaurants und bestellte ein Essen.

«Haben Sie gesehen, wie ich hereingekommen bin?», fragte er die Bedienung.

«Ja, ich habe Sie hereinkommen sehen.»

«Sind wir uns jemals zuvor begegnet?», fragte der Mönch nach.

«Nein, sind wir nicht», sagte die Bedienung.

«Woher wussten Sie dann, dass ich es war, der hereingekommen ist?»

Auf der Suche nach Anhaltspunkten

Antworten auf diese Fragen werden wir nicht in unserem Kopf finden, nicht im Bereich des Denkens, ganz einfach weil der Bereich des Denkens das nicht einschließt, was sich außerhalb des Denkens befindet – was immer das auch sein mag. Wenn wir das Ganze kennen wollen, müssen wir herausfinden, was das sein könnte, mit dessen Hilfe wir das Ganze erfassen und ihm Ausdruck verleihen könnten.

Wenn das, was wir kennen, nicht alles ist, wenn es noch «mehr» gibt, dann ist dieses «mehr» nicht in der Realität enthalten, die sich mit dem Denken beschreiben lässt. Damit haben wir einen ersten Anhaltspunkt gefunden. Jetzt brauchen wir zusätzliche Anhaltspunkte.

Wo sollen wir solche Anhaltspunkte finden? In unseren Vorstellungen lassen sie sich nicht finden – denn die befinden sich immer noch im Bereich des Denkens. In unseren Überzeugungen lassen sie sich auch nicht finden, weder in den Überzeugungen unserer Eltern noch in denen unserer Kultur. Wir können sie nicht in den Lehren oder Überzeugungen anderer finden, sei es in einer Religion, in einer Form der Spiritualität oder bei einem Lehrer der Spiritualität. Auch das sind lauter soziale Konstrukte in der begrifflichen Welt, in der wir festzustecken scheinen.

Unser einziger Anhaltspunkt bislang ist, dass «es» in der begrifflichen Welt nicht zu finden ist. Doch wie können wir entdecken, was *nicht* begrifflich ist, wenn die einzigen Werkzeuge, über die wir zu verfügen scheinen, auf dem Denken basieren?

Ist unser einziger Anhaltspunkt genug, um von ihm auszugehen? Das einzige Stück des Puzzles, das wir in den Händen halten, ist Folgendes: Das Denken ist nur ein Teil des Ganzen, und das Ganze kann in einem Teil nicht enthalten sein. Können wir also mit unserer Erkundung fortfahren, indem wir Vorstellungen als nicht-ganz betrachten und die Frage offen lassen, was das Ganze *ist*?

Wenn wir das können – wie fahren wir dann mit der Erkundung fort? Was sind die Mittel, mit denen sich die Natur des Lebens erforschen lässt, ohne automatisch auf eine Interpretation davon vermittels irgendeiner Idee, einer Lehre, Philosophie oder eines Glaubens zu verfallen?

Wir haben bereits damit begonnen. Wir haben das Bekannte weggewischt und die unbekannte Qualität des Lebens erkannt.

Haben wir das Mittel nicht schon entdeckt, eine Perspektive, aus der die Erkundung überhaupt möglich wird?

Wir wissen es nicht.

Wir beginnen hinzuschauen.

Meditation – der Anfang des Verstehens?

Wenn wir mit dem Blick des Nicht-Wissens das Alles und Jedes unseres Lebens betrachten, entdecken wir etwas Wunderbares, einen starken Anhaltspunkt. Wohin auch immer wir jetzt schauen, können wir die nackte Wirklichkeit von dem sehen, was ist.

Dieses «was ist» existiert von Moment zu Moment, ohne Vergangenheit und Zukunft, fern jeder Begriffsbildung und Interpretation. Sogar wenn dieses «was ist» selbst eine Vorstellung ist – wenn wir sie ansehen, ohne uns weitere Gedanken darüber zu machen, dann steht sie frei von jeglicher Verstrickung mit dem Gewebe unseres Denkens da.

Dies ist eine ziemlich aufregende Sache. Wir finden sie so aufregend, dass wir beginnen zu denken, wie aufregend diese Sache doch ist und wem wir davon erzählen können, und – puff! – so viel zum Schauen, ohne zu denken. Bald schon sehen wir und denken, und ehe wir es uns versehen, denken wir nur noch. Und wo ist die Klarheit nun?

Wir hatten diesen einen Anhaltspunkt. Wir begannen zu schauen, ohne zu wissen. Alles war ganz klar, und dann wurde alles wieder ganz wirr.

Offenbar brauchen wir mehr als nur einen Anhaltspunkt. Wir brauchen ein System. Wir brauchen einen Zugang zu dieser Klarheit. Irgendwie müssen wir dorthin kommen können, dann, wenn wir es wollen oder wenn wir es brauchen. Wir müssen üben. Wir müssen meditieren.

Natürlich, das ist es – Meditation! Es gibt Kurse, Lehrer, Bücher. Meditation ist eine Technologie, und Technologien lieben wir. Hoppla, plötzlich kommen wir uns selbst auf die Schliche. Moment mal. Wir wollten doch schauen, ohne zu wissen. Was hat es nun mit dieser Meditation auf sich?

Wir wollen sie uns anschauen – ohne zu wissen. Ist es möglich, die Natur der Meditation selbst zu erkunden?

Wir denken vielleicht, dass Meditation etwas ist, das unseren Geist beruhigt. Ist es nicht so, dass Meditation eine Art Geräumigkeit oder ein Gewahrsein erzeugt, sodass wir sehen können, was vorliegt, wenn kein Denken da ist? Ist es nicht so, dass Meditation uns liebevoller und glücklicher macht? Es gibt geheime Meditationen, tantrische Meditationen, althergebrachte Meditationen, östliche Meditationen, westliche Meditationen. Womit sollen wir anfangen?

Wie funktioniert Meditation, und wer meditiert da überhaupt, wenn unser Geist still ist? Wird Meditation uns verändern, oder werden wir durch sie bloß mehr über unsere Probleme erfahren?

Wir wissen, dass Meditation uns angeblich irgendwie helfen soll, das Ganze zu erfahren. Aber wir wissen nicht, wie man meditiert oder wie Meditation funktioniert.

Wir wollen jetzt also die Meditation verstehen. Wir müssen die Meditation untersuchen. Vielleicht werden wir entdecken, dass Meditation eine Pforte zum Ganzen ist, der Anfang des Begreifens. Wir wissen es nicht.

ZWEITER TEIL

MEDITATIONEN ÜBER DIE MEDITATION

Meditation – was sie ist, was sie nicht ist und wie sie dazu geworden ist

Der Suchende fragt den Zen-Meister: «Was ist der Sinn des Lebens?»
   Der Meister antwortet: «Stille.»
   Der Suchende denkt einen Moment darüber nach und fragt dann: «Und wie finde ich Stille?»
   Der Meister entgegnet: «Meditation.»
   «Und was», fragt der Suchende, «ist Meditation?»
   Antwortet der Meister: «Stille.»

Die Nachrichten, das Wetter, die Meditation – diese Sendung wird Ihnen präsentiert von Coca-Cola light

Meditation besteht nicht darin, eine Stunde lang mit verschränkten Beinen und schmerzenden Knien dazusitzen und sich zu fragen, wie lange es wohl noch dauern mag, bis es endlich vorbei ist.

Meditation ist nicht das endlose Geschwätz unseres Geistes, das sich nicht zum Stillstand bringen lässt, es sei denn mit der brutalen Gewalt des Willens oder der Unterstützung eines Mantras oder einer Visualisation. Meditation ist nicht das Gebet zu einer Gottheit, sie ist nicht die Projektion subjektiver Bewusstseinszustände auf eine subjektive Welt.

Zwar hat man uns gelehrt, Meditation sei ebendas, doch das ist sie nicht.

Meditation ist nicht das, was zahllose Priester zahlloser Religionen uns gelehrt haben.

Diese Behauptung kommt recht gewichtig daher, aber wir brauchen nur die Natur des Geistes zu betrachten, um zu begreifen, wie wir so weit in die Irre hatten gehen können.

Unser Verstand hat sich entwickelt als ein Instrument des Überlebens. Wir haben als Spezies überlebt, weil unser Verstand in der Lage ist, Dinge vorauszusehen und in die nahe und ferne Zukunft zu projizieren. Wir sind fähig, besser zu denken als andere Tiere, indem wir in unserer inneren mentalen Welt die Wirklichkeit der äußeren physischen Welt abbilden. Zu Zeiten, als wir Jäger und Sammler waren, konnten wir vorhersehen, wie viele Tage es dauern würde, die offene Steppe zu durchqueren, was während dieser Durchquerung wahrscheinlich passieren konnte, welche Waffen wir wohl brauchen würden und dass wir in jenem weit entfernten Wald wahrscheinlich auf Nahrung und Wasser stoßen würden.

Um unsere relative Scharfsinnigkeit noch zu steigern, entwickelten wir die Sprache, die begann, diese Fähigkeit des Abbildens zum Ausdruck zu bringen. Nun konnten wir unser inneres Modell der äußeren Welt jemand anderem mitteilen. Wir konnten das Modell diskutieren, uns auf ein Modell einigen, es verändern oder uns darüber streiten.

Wenn Regen kommt, gibt es ein lautes Krachen und ein Licht blitzt auf.

Die Sprache, die zuerst eine direkte Repräsentation unserer inneren Erfahrung der Außenwelt war, entwickelte sich schließlich weiter, hin zu Symbolen und Metaphern. Was einst ein konkretes Korrelat der Welt war, wie sie in unseren Sinneswahrnehmungen widergespiegelt wurde, wurde zunehmend abstrakt.

Wenn die Regengötter zürnen, dann schicken sie zum Regen helle Blitze und grollende Geräusche.

Mit der Zeit und mit der weiteren Entwicklung von Gesellschaft und Kultur sind wir kollektiv in die abstrakte Welt der Sprache und des Denkens hineingeschlittert. Wir existieren jetzt hauptsächlich in einer symbolischen und metaphorischen Welt.

Das Wetter von heute wird Ihnen präsentiert von Coca-Cola light. Es wird wolkig mit Aufheiterungen und einer allmählichen Besserung zum Wochenende, das ideal zum Sonnenbaden werden wird. Das RTL-Wetterradar sagt uns, dass das Wochenende trocken und sonnig sein wird mit mäßigen Winden aus Südwest und Höchsttemperaturen von 28° und Tiefsttemperaturen von 18°. Die Vorhersage für die kommenden fünf Tage ist warm und trocken, wobei es gegen Ende der Woche Regen geben könnte. Also fahren Sie besser jetzt gleich ins Grüne und haben Sie viel Spaß in der Sonne.

Unsere Welt ist voll gestopft mit Ideen, Symbolen, Projektionen und Anforderungen. Das Wetter ist nicht länger etwas, was in unserer Umgebung einfach geschieht. Es wird gesponsert von einer Firma, die uns etwas verkaufen will. Es wird uns präsentiert von einem Sender, der uns von seiner eigenen Wichtigkeit überzeugen will. Wir sehen uns gezwungen, komplexe pseudowissenschaftliche Projektionen auf die kommenden Tage zu verarbeiten und unsere Bedürfnisse diesen Projektionen entsprechend vorwegzunehmen. Und vor allem müssen wir Spaß haben, bevor es zu spät ist und zu regnen anfängt. Und das alles, bevor wir unseren Morgenkaffee getrunken haben.

Dies ist die Welt, in der wir leben, wenn wir zum ersten Mal dem Wort «Meditation» begegnen. In dieser voll gestopften Welt ist Meditation ein Symbol. Sie ist nicht wirklich. Wir hören das Wort, sagen das Wort, aber das Wort repräsentiert nichts Konkretes. Es steht für etwas anderes.

Meditation als Metapher

Wenn wir verstehen, wofür der Begriff «Meditation» steht, was seine metaphorische Bedeutung ist, dann können wir klar verstehen, was die Wirklichkeit von Meditation ist und was sie nicht ist.

Meditation gelangt als vorfabriziertes Produkt in unsere Hände. So wie das Wetter von Coca-Cola gesponsert und von RTL präsentiert wird, so wird uns Meditation von einer Instanz präsentiert. Wenn wir das Wetter von Coca-Cola bekommen, dann bekommen wir nicht nur das Wetter, sondern auch Coca-Cola. Meditation wird uns von einer Religion, einer Philosophie, einer Schule der Psychologie präsentiert. Sie wird uns von einem Lehrer, einem Befürworter, einem Übersetzer präsentiert. Sie wird uns in einem Zusammenhang präsentiert. Wir erhalten sie mit einer Projektion der Zukunft geliefert, verbunden mit dem Resultat, zu dem die Meditationspraxis führen soll. Wir bekommen sie zusammen mit Anweisungen und einem Ergebnis.

Wir greifen die Meditation auf, weil wir haben wollen, was sie uns verspricht. Wir wollen das Resultat.

Meditation symbolisiert das Resultat. Wir lassen uns auf die Meditationspraxis ein, weil wir Resultate erwarten, und die Meditation verspricht sie uns.

Die Bauernfängerei von heute

Meditation als Symbol mag uns alles Mögliche versprechen, doch diese Versprechen sind die reine Bauernfängerei.

Wenn wir meinen, wir müssten inneren Frieden finden, finden wir eine Meditation, die uns Glückseligkeit verspricht. Diese Meditation symbolisiert das Ende unserer Aufgeregtheit.

Wenn wir meinen, wir sollten bewusst sein, finden wir eine Meditation, die uns Achtsamkeit verspricht. Wir projizieren aus unserem zerstreuten Geist heraus eine Welt voll aufmerksamer Weisheit.

Wenn wir Macht suchen, dann finden wir eine Meditation, die uns übersinnliche Kräfte oder die Erfüllung unserer Wünsche verspricht. Suchen wir den Glauben, dann finden wir eine Meditation, die uns Nähe zu Gott verspricht.

All das ist Meditation nicht. All das ist unser Ich, unser Geist, der projiziert, entwirft, überlebt. Unser Geist hat das Vermögen, eine grenzenlose Vielfalt von Erfahrungen zu erzeugen. Vorgefertigte Meditation gibt uns die Erfahrungen, die wir wollen, sie vermittelt uns die Resultate, die sie uns verspricht. Auch das werden wir noch in unserem ohnehin voll gestopften Geist unterbringen.

Es macht uns auch nichts aus, zur Praxis der von uns ausgewählten Meditation eine mittelalterliche Kultur von der anderen Seite des Globus mitgeliefert zu bekommen – je exotischer, je fremder, desto besser.

Es macht uns auch nichts aus, uns niederzuwerfen, Segen zu erflehen und unsere eigene Intelligenz zu verraten. Wir lieben es, fremdsprachliche Begriffe zu verwenden, so zu tun, als verstünden wir deren esoterische Bedeutung. Wir geben die Rituale unserer eigenen Kultur auf und finden Zuflucht in den Ritualen einer fremden Kultur, in Ritualen, denen wir den Sinn zuschreiben, den wir zu Hause nie finden konnten. Und wenn unsere Lehrer ihre Macht missbrauchen, dann schauen wir nicht hin. Schließlich, und darauf kommt es an, meditieren wir. Und wenn wir damit fertig sind – selbst wenn es viele Tausende von Leben dauern mag, bis wir damit an ein Ende kommen –, dann werden wir über das verfügen, was uns versprochen worden ist. Dessen sind wir ganz sicher. Während wir dasitzen und meditieren, bestätigen die Schmerzen in Beinen und Rücken uns frei von jedem Zweifel, dass da ganz einfach etwas ganz Wundervolles geschehen muss.

Der Kennerblick des fortgeschrittenen Meditierenden

Was passiert genau, wenn wir meditieren?

Wir sind verängstigt, verwirrt und zumeist vom Leben überwältigt. Wir haben rebelliert. Wir haben begonnen, uns nach Antworten umzusehen.

So begegnen wir einigen vertrauenswürdig aussehenden Leuten, die uns erzählen, wir brauchten nicht verängstigt, verwirrt und überwältigt zu sein. Einige dieser vertrauenswürdig aussehenden Leute sind religiöse Autoritäten, und einige sind weltliche Menschen. Sie lehren Methoden der Meditation. Wir haben es satt zu versuchen, auf alles selbst zu kommen, und so klinken wir uns in eine Methode ein. Jetzt haben wir eine Landkarte, eine Erklärung, und vielleicht haben wir sogar eine Theologie. Wir haben eine Gruppe von Freunden, die unsere Überzeugungen teilen. Beruhigt können wir aufatmen.

Etwas, was wir bald über die Meditation herausfinden, ist die Tatsache, dass es schwer ist, das zu tun, was der Meditationslehrer lehrt. Es ist schwer stillzusitzen. Der Geist hält nie Ruhe. Wir sind nicht recht sicher, ob wir die Visualisation auch richtig machen, und wir vergessen, das Mantra zu wiederholen. Stattdessen denken wir an unsere Einkaufsliste. Zum einen ist da die Wirklichkeit unseres Zustandes, zum anderen haben wir eine Beschreibung davon, wie unser Zustand sein sollte. Diese Diskrepanz erfahren wir als Konflikt und Belastung. Wir sollten mehr so sein wie die Beschreibung und weniger so, wie wir sind. Das macht uns zu schaffen. Wir sehen andere, die fortgeschritteneren Schüler, die diesen wissenden Blick draufhaben von Menschen, welche die Beschreibung leben. Das macht Eindruck. Wir werden noch entschlossener.

Wir wollen den beschriebenen Bewusstseinszustand unbedingt haben, und so erzeugen wir ihn schließlich einfach. Wir drängen unser verängstigtes, verwirrtes und überwältigtes Ich in irgendeine dunkle Ecke unseres Seins ab und übernehmen die lichte neue Welt der Meditation. Nun gelingt es uns selber, diesen wissenden Blick aufzusetzen und Beschreibungen abzugeben von sich immer weiter vertiefenden Erfahrungen. Wir sind angekommen. Fragt sich bloß wo?

Wir haben uns nicht befreit. Wir haben einfach eine weitere metaphorische Ebene der Symbolik und Verwirrung in unser Leben eingeführt. Nach außen geben wir diesen Konflikt nicht zu erkennen, aber er ist da. Wir selbst wissen darum, denn tief in unserem Bauch spüren wir, wie er uns weiterhin umtreibt.

Die donnernde Stille des Aufgebens

Unsere Meditation hilft uns nicht. Unsere Rituale helfen uns nicht. Das esoterische Vokabular, das wir uns zugelegt haben, hilft uns nicht. Wir haben auf so vielen Wegen versucht, unsere Konflikte zu lösen, aber noch immer stecken wir voller Konflikte.

Wenn aller Krempel ausgeräumt ist, bleibt uns die Wirklichkeit unseres Geistes und unseres Körpers, ohne Dolmetscher, ohne Hilfe, ohne Ausweg. Wir sitzen da, geschockt von der Erkenntnis, dass alles, was wir unternommen haben, nutzlos war, und dass alles, was wir begreifen wollten, außerhalb unserer Reichweite liegt.

In der Spontaneität dieses Augenblicks, in der donnernden Stille jenes Moments, in dem der Geist aufgibt, erfahren wir den ersten Augenblick der Meditation. Wir haben begonnen, Meditation ohne Glauben, ohne kulturellen Überbau, ohne Ritual zu erkunden.

Meditation, so haben wir entdeckt, ist nicht etwas, das wir tun, sondern etwas, das ist.

Techniken zur Erforschung des Geistes

Wer hat sich das alles ausgedacht?

Im Lexikon wird Meditation definiert als ein Akt der Reflexion und Kontemplation, als eine Konzentration der Gedanken oder als Projektionsleistung im Geiste. In der Umgangssprache wird der Begriff jedoch sehr locker verwendet, dort bezeichnet er so ziemlich alles von Praktiken des Neoschamanismus bis hin zum christlichen Gebet.

Egal, was der Kontext ist, lassen sich mehrere allgemeine Kategorien der meditativen Schulung unterscheiden. Konzentrative Techniken schulen den Geist darin, sich auf einen Klang, ein Bild, ein Wort (Mantra), ein äußeres Objekt oder eine Körperempfindung zu sammeln. Diese Methoden beruhigen den Geist durch die Anwendung von Wiederholung. Menschen, die diese Techniken üben, berichten von Wirkungen, die von Zuständen der inneren Ruhe bis zur Entwicklung von sensitiven Fähigkeiten reichen.

Meditationstechniken, die darauf ausgerichtet sind, die Bewusstheit zu verstärken, verwenden einen anderen Ansatz. Diese Techniken kombinieren oft konzentrative Methoden mit der Verstärkung der Aufmerksamkeit auf die Phänomene von Körper und Geist sowie auf sensorische Reize. Das kann bedeuten, dass man die äußere Umgebung zur Ruhe bringt oder die jeweiligen Aktivitäten verlangsamt, so dass man auf weniger Dinge achten muss, während der Geist gleichzeitig darin geschult wird, das, was wir erfahren, aufmerksam zu betrachten, ohne es jedoch zu analysieren.

Bei devotionaler Meditation und Gebet geht es nicht um eine Neustrukturierung unserer Beziehung zum eigenen Geist, sondern um unsere Beziehung zu einer Gottheit und um das Kultivieren von Liebe, Hingabe und Demut. Die Frommen sollen einfach nur anbeten, um göttliche Hilfe oder um Heilung bitten. Alle Weltreligionen haben ihre Rituale, die sich auf die jeweilige Gottheit und die entsprechende Theologie beziehen, sowie Praktiken, die darauf abzielen, ihre Anhänger in den geeigneten Bewusstseinszustand zu versetzen.

Jede dieser Arten von Meditation – Konzentration, Achtsamkeit und Hingabe – hat einen ideologischen Rahmen, der sie stützt, kennt Anleitungen, Übungen und zu erwartende Resultate. Im Rahmen der Begrenzungen der einzelnen Techniken funktionieren die Meditationen oft: Meditation der Konzentration wirkt sammelnd auf den Geist, Achtsamkeitsmeditation macht den Geist wacher, devotionale Praktiken erzeugen Gefühle der Liebe. Jeder Typus von Meditation inspiriert Resultate. Doch stets gibt es Bedingungen für das Erreichen dieser Resultate sowie unerwünschte Nebenwirkungen.

Während wir das grenzenlose Universum der Meditation bereisen, um alles zu entdecken, was es uns offenbaren will, ist es hilfreich, sich daran zu erinnern, dass wir dabei auf ausgetretenen Pfaden wandeln. Es kann sein, dass wir den Überblick verlieren und diese Tatsache vergessen. Es kann passieren, dass wir die Beschreibung eines anderen von seiner oder ihrer Erfahrung für die eigene Erfahrung halten. Es kann auch geschehen, dass wir unser Potenzial mit unserer tatsächlichen Wirklichkeit verwechseln.

Dieses Problem wird noch verschlimmert durch die Romantik der spirituellen Literatur und durch die Mythen, die sich um vor langer Zeit verstorbene spirituelle Führer ranken, vor allem jedoch durch lebende Lehrer, die uns liebend gerne durch ihre Art von Erfahrung führen – und die das nicht selten zum eigenen Nutzen und Frommen tun. Es kann geschehen, dass wir dieser verbegrifflichten inneren Reise folgen, als wäre es unsere eigene. Der menschliche Geist folgt gerne nach, besonders wenn er dafür mit Macht, Gewissheit oder Sicherheit belohnt wird.

Wenn wir an einem Leben der Entdeckung und an Meditation als einem Ausdruck dieses Lebens interessiert sind, dann ist die Erfahrung von jemand anderem, wie großartig sie auch sein mag, für uns allenfalls als ein Querverweis auf die eigene Erfahrung hilfreich. Unter Gefährten bei der Erforschung des Universums mögen wir unsere Aufzeichnungen vergleichen, mögen wir Fundstücke und Spezimina, die wir gesammelt haben, vergleichen und Karten und Beschreibungen, die wir zusammengestellt haben, abgleichen.

Aber eine Karte zu betrachten ist nicht dasselbe, wie im Boot zu sitzen und einen Flusslauf tatsächlich zu erkunden. Ein Spezimen zu untersuchen ist nicht dasselbe, wie das lebende Tier in seiner natürlichen Umgebung zu beobachten. Von den Abenteuern eines anderen Forschers zu hören und daran zu glauben ist nicht dasselbe, wie das eigene Abenteuer zu bestehen.

map is not the landscape

Wir müssen uns aber aufmachen ins eigene Abenteuer.
Wenn wir also eine Beschreibung von Meditation oder

spiritueller Erfahrung lesen oder ihr zuhören, dann müssen wir als Erstes einmal begreifen, dass wir durch unsere eigene unmittelbare Wahrnehmung selbst herausfinden müssen, was davon zutrifft.

Manchmal beruht eine spirituelle Lehre nicht einmal auf der Erfahrung des Lehrers selbst, sondern auf der eines anderen spirituellen Lehrers oder eines Buches, welches dieser Lehrer gelesen hat. Der Lehrer hat seine eigene Erfahrung durch diese Erfahrung aus zweiter Hand ersetzt und verbreitet nun diese. Eine solche Lehre kann sich über endlose Ketten spiritueller Plagiate auf etwas rückbeziehen, ohne dass irgendjemand weiß, wer sich das alles ursprünglich ausdachte. Die Lehre wird weitergetragen, so als entstammte sie der unmittelbaren Erfahrung des Lehrers, aber in Wirklichkeit sind diese Erfahrungen nur eingebildet.

Unser Geist vermag eine virtuelle Realität zu erzeugen, die von der Wirklichkeit fast ununterscheidbar ist. Als Schüler eines solchen Lehrers können wir nur die virtuelle Realität erlernen. Wenn das, wonach wir suchen, aber die Wirklichkeit ist, dann sind wir völlig aufgeschmissen.

Die kulturelle Verpackung spiritueller Lehren

Ein Schüler einer spirituellen Lehre neigt dazu, unbewusst die kulturelle Verpackung zu übernehmen, in der die meisten spirituellen Lehren zu uns kommen. Es gibt nur sehr wenige Lehrer, die wirklich verstanden haben, wie sehr sie von ihrer eigenen Kultur geprägt sind. Ihre Persönlichkeit und ihre Artikulationsweise ist kulturell bestimmt. Ihre Spiritualität entstammt dem Kontext der eigenen Gesellschaft und ist in diesem Rahmen selbstverständlich, während sie für uns exotisch ist und *viel* interessanter als das eigene spirituelle, religiöse Erbe.

Doch hier geht es nicht um Exotik. Das Problem ist, dass wir unbewusst das kulturelle Paradigma eines Lehrers zusammen mit all dessen Widersprüchen übernehmen. Plötzlich benutzen wir eine andere Sprache, ernähren uns anders, kleiden uns anders und gehen anders miteinander um. Wir begehen Feiertage, die für uns keine Tradition haben, wir akzeptieren Gottheiten, deren Qualitäten uns fremd sind, wir nehmen Namen an, die oft ganz einfach lächerlich sind, und wir dulden in der neu übernommenen Kultur Verhaltensweisen, die wir früher nie toleriert hätten. Kurzum: Wir haben keine Ahnung, was wir da eigentlich tun oder gar, *dass* wir es tun. Oder wissen wir, was wir tun, und ziehen wir es bloß vor, nicht allzu genau hinzusehen?

Wir haben einen Satz sozialer Konditionierungen durch einen anderen ersetzt. Wir haben einen Freundeskreis gegen einen anderen ausgetauscht. Wir absorbieren nicht etwa eine spirituelle Lehre – wir absorbieren eine Modifikation unseres Verhaltens.

Doch wenn eine Lehre nicht frei ist von der kulturellen Verpackung, in der sie daherkommt, wie soll sie dann Ausdruck der Freiheit und des Umfassenden sein?

Die Beschränktheit von Meditationssystemen

Meditationstechniken sind an sich wundervolle und ungemein wichtige Aspekte unseres kollektiven Wissens. Das Wissen, wie wir zu bestimmten Bereichen unseres Geistes Zugang finden und wie wir unseren Geist transformieren können, ist über Tausende von Jahren und in unzähligen Stunden der inneren Erforschung und des Experimentierens entwickelt und verfeinert worden.

Meditationstechniken können uns mit Teilen unserer Wirklichkeit in Kontakt bringen und unser Gefühl von Stabilität, Offenheit und Konzentration erhöhen. Mit Hilfe dieser Techniken vermögen wir die Funktionsweise unseres Körpers zu beeinflussen und uns gesünder und vitaler machen. Sie können Ordnung und Sinn in unser Leben bringen.

Das ist doch einiges; doch es ist nicht genug.

Meditationstechniken vermögen nicht, uns über uns selber hinauszuführen, über unsere egozentrische Identität, was den Nutzen, den wir aus der Meditation ziehen können, stets verfälscht. Ein besseres «Ich», ein offeneres, wacheres, konzentrierteres «Ich» ist immer noch ein «Ich», das für sich selbst existiert und mit sich selbst beschäftigt ist. Dieses verbesserte «Ich» lebt noch immer in der Vereinzelung, in der Zersplitterung und im Konflikt.

Dem eigentlichen Punkt können wir uns durch Meditationstechniken weder annähern, noch können wir das Kernproblem lösen, denn es sind Techniken, die schließlich immer noch von dem Kernproblem selbst, dem «Ich», praktiziert werden.

In Hinsicht auf dieses «Ich» können wir absolut nichts tun. Nichtstun ist keine Technik. Sie lässt sich weder lehren, noch lässt sie sich lernen. Auch praktizieren kann man sie nicht. Die paradoxe Hoffnungslosigkeit eines Ich, das seine eigene Natur erkennen will, schlägt uns jede Option, jede Reaktion, jede Methode aus der Hand. Diese Stille ohne Möglichkeit des Handelns und ohne Hoffnung auf Erlösung ist die spontane Verwirklichung der Wahrheit des Lebens.

Das können wir nicht herbeiführen. Wir können uns nicht darauf vorbereiten. Wir können es nicht lernen.

Keine Meditation ist nötig. Wir brauchen keine Interpretation. Wir sind schon längst da, immer schon, ohne jede Anstrengung.

Keine Meditationstechnik wird uns helfen, egal, wie mächtig ein Verfahren ist, und egal, wie gewissenhaft wir uns darin üben. Fragt sich, wie viel Hilfe wir brauchen, um dorthin zu gelangen, wo wir bereits sind, was es denn noch braucht, um zu sein, wo wir sind?

Von dort aus, wo wir sind, aus der Stille des Augenblicks heraus, können wir Meditationstechniken verwenden. Jetzt versuchen wir nicht mehr, irgendwohin zu gelangen. Wir versuchen nicht, ein besserer Mensch zu werden. Wir streben nicht nach Macht.

Wir können Meditationsmethoden als Hilfsmittel einer Erkundung verwenden, als Werkzeuge zur Untersuchung der Beschaffenheit des Universums. Techniken haben ihren Nutzen und sie haben ihre Grenzen.

Die Erforschung des Geistes

Um Meditationstechniken statt religiöser Rituale oder Glaubenssysteme als Mittel der Erkundung zu verwenden, braucht es Demut.

Wir sind fasziniert von der Aussicht, die Dinge verstehen zu können. Wir sind sicher, dass das Wissen, das wir im Verlauf eines Lebens beständigen Lernens angesammelt haben, von höchster Bedeutung ist.

Ist es aber nicht.

Dieses Wissen steht der direkten Wahrnehmung sogar sehr im Wege. Was wir bereits wissen, ist statisch, aber das Leben, das wir zu verstehen suchen, ist es nicht.

Die Hybris des Wissens muss das Erste sein, was wir opfern. Und dafür bekommen wir nichts. Nichts ist in der Tat ein großartiges Geschenk. Demut mag sich in uns einstellen, aber selbstverständlich können wir nie wirklich wissen, dass wir demütig sind, denn wüssten wir es, so wären wir auf diese Errungenschaft bereits stolz.

Nach Oliver Wendell Holmes ist Demut die wichtigste aller Tugenden – solange andere sie praktizieren. Denn gewiss ist sie viel zu ungeschützt und ungewiss, als dass wir darin verweilen könnten. Demut ist die Abwesenheit eines bestimmten Standpunkts, das Schweigen des Kritikers in uns, die Hingabe an den Fluss des Lebens ohne weitere Interpretation.

Ohne Demut führt die Anwendung von Meditationstechniken zu nichts weiter als zur Ansammlung von noch mehr Information. Wir mögen mehr über unseren Geist wissen, über die Realität, in der wir leben, und über die Wirkungen bestimmter Praktiken. Aber unser Leben wird niemals transformiert, wenn alles, was wir tun, darauf hinaus läuft, weitere Erfahrungen zu sammeln.

Doch was, wenn wir zu Forschungsreisenden in einer neuen Welt würden? Wollen wir uns nun dem Geist, dem Körper, den Energien und der Wechselwirkung zwischen uns und unserer Umwelt annähern, so ist Meditation ein frisches und nützliches Werkzeug. Wir meditieren nicht, weil wir ein bestimmtes Resultat erwarten, sondern wir sind völlig offen für die Wirklichkeit, mit der wir in Berührung kommen.

Was wir dann berühren, das sind wir selbst. Was wir erfahren, ist der Erfahrende selber. Wir sind die Welt, die wir erforschen, wir sind die Meditation, die wir meditieren.

Wie in der Fabel von den Blinden und dem Elefanten berichtet wird, bekam jeder der Männer einen Teil des Elefanten zu fassen und beschrieb, was er mit eigenen Händen betastete, mit großer Gewissheit. Der Mann, der den Schwanz zu fassen bekam, beschrieb ein schlangenähnliches Tier. Der Mann, der ein Bein betastete, beschrieb ein Tier, das hoch aufragte wie eine Säule. Der Mann, der den Rüssel zu fassen bekam, fühlte die Kraft eines riesigen, zugreifenden Fortsatzes. Keiner der Männer konnte das Tier in seiner Gesamtheit erfassen, doch jeder war überzeugt, dass das, was er mit seinen Händen erfuhr, gewiss das Ganze sein müsse.

Jede Form der Meditation mag uns Einblicke in bestimmte Aspekte unserer Welt gewähren, aber keine Technik wird uns helfen, das Ganze zu erfassen. Das kommt daher, dass der Geist, der Erfahrende, für sich selbst blind ist. Der Erfahrende, die Kernempfindung eines Ich, teilt das Ganze in Aspekte auf und ist sich sicher, dass der Aspekt, den er gerade wahrnimmt, das Ganze sei.

Meditation kann uns sehr viel über den Schwanz verraten oder über das Bein oder den Rüssel des Elefanten. Das sind nützliche Informationen. Doch nur die Demut wird uns daran erinnern, dass wir blind sind und dass wir niemals den ganzen Elefanten werden begreifen können.

Konzentrative Meditation: Die Vogelscheuche bittet den Zauberer um ein Gehirn

Der Seher und der Yogi

Ein Seher kam zu einem Flussufer, wo ein Yogi seit Jahrzehnten in Versenkung saß und seine okkulten Kräfte schulte.

«Zu welcher Erkenntnis bist du gelangt?», fragte der Seher.

Der Yogi antwortete: «Ich habe große Macht entwickelt. Nach vielen Jahren der Askese und der Wiederholung meines Mantras kann ich nun auf dem Wasser wandeln.»

Der Yogi demonstrierte diese erstaunliche Fähigkeit, indem er auf der Wasseroberfläche, einen Fuß vor den anderen setzte und den Fluss überquerte.

> «Oje, deine Jahre der Anstrengung sind gerade mal eine Rupie wert», sagte der Seher.
> «Was soll das?», rief der Yogi aus.
> Da entgegnete der Seher: «Siehst du den Fährmann dort drüben? Er bringt mich für eine Rupie über den Fluss.»

Die spirituellen Mythen berichten, dass Konzentrationstechniken uns große seherische Fähigkeiten bescheren können sowie die Macht zu fliegen, zu levitieren oder uns zu dematerialisieren. Gewiss ist das sehr aufregend, und wir sollten wohl alle lebhaft an der Verwirklichung dieser Aussichten interessiert sein.

Doch diese Potenziale sind weitgehend das Produkt einer romantischen spirituellen Literatur, von skrupellosen magischen Tricks, sie bezeugen die Psychologie von Massenphänomenen, die Vermarktung von Spiritualität und beruhen auf Hörensagen. Es gibt praktisch keinerlei dokumentierte und objektiv verifizierte Belege, die solche Kräfte überzeugend demonstrieren würden. Es gibt allerdings zahlreiche anekdotische Berichte von persönlichen Beobachtungen und Erfahrungen solcher außerordentlichen Fähigkeiten. Subjektiv mag jemand diese Phänomene als wirklich erfahren haben.

Lassen Sie uns für einen Moment annehmen, dass Meditationstechniken uns tatsächlich Zugang zu einem menschlichen Potenzial verschaffen, das andernfalls nicht angezapft wird. Bleibt die Frage, ob diese Kräfte irgendetwas mit den grundlegenden Problemen zu tun haben, die es in unserem Leben zu lösen gilt. Magische Fähigkeiten erzeugen weder Glück, noch verschaffen sie uns Gleichmut oder inneren Frieden. Oft ist das Auftreten solcher Fähigkeiten – seien sie nun eingebildet oder nicht – bloß eine Ablenkung von unserer eigentlichen Erkundung sowie eine weitere Errungenschaft unseres weiterhin hungrigen Ego.

Die Natur dieser mentalen Kräfte ist subjektiv. Diese Kräfte befinden sich im Bereich des Denkens, also innerhalb der Realität des Bekannten. Sie können uns nicht über diese begrenzte persönliche Welt hinausführen, auch wenn diese Kräfte uns ein bestimmtes Maß an Kontrolle innerhalb der relativen Welt verleihen mögen.

Wenn wir allerdings nach Kontrolle und Manipulation der Realität streben, dann ist dies ein geeigneter Weg dazu. Es ist ein langer Weg, und zuletzt könnten wir herausfinden, dass das, was wir entdeckt haben, tatsächlich eine Rupie wert ist.

Angst auf dem spirituellen Pfad

Wenn wir aufbrechen, um auf spirituellem Wege Macht zu erlangen, dann gibt es etwas, das wir ziemlich schnell entdecken können, etwas, das nur geringer Mühe bedarf und das ziemlich wertvoll ist. Es ist die Natur unserer Motivation. Was ist der Grund für unser Streben nach Kontrolle über unsere Umgebung? Warum suchen wir die Sicherheit einer Welt, die wir erzeugen und kontrollieren, in der wir jedoch zu nichts anderem eine Beziehung haben mögen als zu unserem eigenen Geist?

Diese grundlegende Frage über uns selbst und den Ausdruck unseres Lebens lässt sich durch Konzentration des Geistes nicht beantworten, nicht durch die Manipulation relativer Bewusstseinszustände, also durch die Macht, die aus einem gesammelten Geist erwächst. Die Meditationstechniken der Geistesschulung und die mit ihnen verbundenen Lehren lassen diese Frage einfach beiseite.

Unser Streben nach Macht und Kontrolle erwächst aus einer tiefen Angst, der wir in unserem Leben oft begegnen. Diese Angst rührt aus einem Mangel an Sicherheit, und sie ist der Kern unseres Überlebensinstinkts. Angst ist die unablässige Wachsamkeit im Hinblick auf potenzielle Gefahren. Das ist unsere animalische Natur. In der Natur hat die Angst eine biologische Grundlage. In der menschlichen Welt ist sie zu einem festen Begriff und zu einer Gewohnheit geworden. Angst ist der unterschwellige Hintergrund von vielem geworden, was unser Leben und unsere Gesellschaft ausmacht. Angst kennt keine Moral, sie entspricht einer rücksichtslosen Konkurrenz, und sie steht in keinerlei Beziehung zu irgendetwas.

Wir werden von dieser Angst angetrieben, geben das aber nur selten zu. In unserem Streben nach Macht und Kontrolle ist es Furcht, welche die Macht hat und die uns bestimmt. Wir haben Angst, und wir haben auch noch Angst vor der Angst.

Ohne Angst besteht kein Bedarf nach Macht.

Da wir uns nun aber einmal ängstigen, suchen wir nach etwas, nach irgendetwas, das uns Sicherheit verleihen kann. Vor diesem Hintergrund widmen wir uns der konzentrativen Meditation, denn uns wurde gesagt, dass sie unseren Geist beruhigen und uns helfen werde, die Welt um uns herum unter Kontrolle zu halten. Man gibt uns ein Mantra – manchmal ist es ein *geheimes* Mantra –, das uns diese spezielle Kräfte verleihen soll. Eifrig wiederholen wir dieses Mantra, da wir hoffen, dass wir unsere Welt in den Griff bekommen und Frieden finden werden.

Wir glauben, dass wir auf diese Weise Sicherheit finden werden – aber ist dem auch tatsächlich so? Ist ein Geist, den wir in einen Zustand der Sammlung geprügelt haben, wirklich friedlich? Was ist im Prozess der Konzentration aus unserer Verwirrung, aus unserem Konflikt und aus dem mentalen Chaos geworden?

Die Konflikte in unserem Leben sind nicht verschwunden. Wir haben unseren Geist gesammelt; wir haben vielleicht sogar gelernt, bestimmte Ebenen unseres Geistes zu kontrollieren. Aber in diesem Prozess haben wir uns selbst abgestumpft. Wir haben die Empfindsamkeit eines unserer Sinne zerstört. Der Geist ist unser Fenster zur Realität. Ohne ihn können wir weder funktionieren, noch können wir die Welt um uns herum wahrnehmen.

Unsere Beziehungen sind immer noch verstörend. Unsere Finanzen liegen weiterhin danieder. Unsere Gesundheit ist noch immer fragil. Und wir haben noch immer nicht die geringste Ahnung, was dieses Leben eigentlich soll.

Wir haben nun einen gesammelten Geist, und vielleicht haben wir auch einige sehr aufschlussreiche innere Erfahrungen gemacht. Es mag sogar zu physiologischen Veränderungen in unserem Gehirn oder in der Chemie unseres Gehirns gekommen sein. Und wir mögen uns anders fühlen, als wir uns zuvor gefühlt haben.

Doch solange wir von der Meditation nicht lassen können oder sie nicht in den Rest unseres Lebens zu integrieren vermögen, stecken wir fest. Es geht uns nicht wirklich besser, und wir stecken fest. Tatsächlich geht es uns schlechter, und wir stecken fest.

Jene, die zur konzentrativen Meditation gekommen sind, um ihre psychischen Schmerzen zu besänftigen, haben ein Sedativum gefunden. Es funktioniert, aber mit der Sedierung geht etwas Nebulöses, Schläfriges einher, es entsteht ein Verlust an Verbindung. Das Sedativum funktioniert auch für jene, die nicht nur zur konzentrativen Meditation gekommen sind, um ihre Schmerzen zu lindern, sondern auch für jene, welche die Natur des Schmerzes selbst erkennen wollten. Sedierende Meditation sagt uns auch viel über die Natur des Geistes. Nun ist es Zeit, weiterzugehen und tiefer in diese Natur einzutauchen.

Der Wert der konzentrativen Meditation besteht darin, dass sie unsere mentale Welt etwas geräumiger macht, dass sie unser Denken sammelt und uns eine zeitweilige Erleichterung von Stress und Spannungen gewährt. Da gibt es eine deutliche Reaktion von Körper und Geist auf die Vereinfachung unserer mentalen Aktivität zu verzeichnen. Das ist eine wertvolle Voraussetzung zur weiteren Erforschung und mag uns Zugang zu unbekannten Bereichen unseres Seins verschaffen.

Doch sollten wir daraus keine Gewohnheit machen.

Es gehört zur Natur unseres Geistes, dass er süchtig wird nach Konzentration und unfähig ist, die Bewegungen von Fühlen, Denken und Wahrnehmung zu integrieren. Der stete Fluss der Gedanken wird zum Gegenspieler zu unserer Auffassung von Frieden. Die Aktivität der Welt wird zu einer Bedrohung. Beziehungen werden zu einer Störung.

Der Geist, der einst an Aktivität gewöhnt war, hat sich nun an die Dumpfheit eines einzigen Brennpunktes der Konzentration gewöhnt. Der Übende geht jetzt nicht mehr bloß eine Straße entlang, sondern er geht sein Mantra rezitierend eine Straße entlang. Er sieht die Welt durch sein Mantra hindurch. Seine Welt wird zum Mantra. Ohne Mantra könnte sie nicht existieren.

Wenn wir uns von dieser Welt entfernen und dabei unser Mantra nicht mitnehmen, werden wir neuerlich ins Chaos stürzen. Und doch ist dies ein erfrischendes Chaos. Es ist lebenswichtig. Es ist nicht tot und dumpf, es wird nicht auf Distanz gehalten von einer Technik der Geistesschulung, die uns davor bewahren soll, etwas zu fühlen.

Das Leben ist zurückgekehrt. Es ist voller Konflikte und Schwierigkeiten. Aber wir sind gegenwärtig und in Kontakt mit unserem Leben.

Manische Konzentration und Samadhi

Vor einigen Jahren gab es einmal ein Meditationssystem, das von einem manischen Lehrer gelehrt wurde, der behauptete, Konzentration sei der Schlüssel zum Universum. Seine Schüler saßen während der Meditationszeiten mit absoluter Konzentration, denn der Lehrer ging mit einem Paar Orchesterbecken durch die Reihen der Meditierenden und schlug sie hinter dem Kopf jener Schüler zusammen, die so aussahen, als hätten sie in ihrer Anstrengung nachgelassen und ihre Sammlung verloren. Der Meister pflegte zu schreien: «Konzentriert euch! Konzentriert euch. Es braucht nur wenige Sekunden der Konzentration, damit der Geist in Samadhi gehen kann!»

Samadhi ist der Zustand der Verschmelzung mit dem Kosmos, wie er in jedem romantischen Buch über indische Spiritualität beschrieben wird. Also gaben sich die Schüler inmitten der doch ziemlich nervtötenden Schreie und Beckenschläge des Meisters die größte Mühe.

Doch es war, als versuchte man ein nasses Stück Seife zu greifen. Je fester die Meditierenden die Konzentration zu packen versuchten, desto gewisser schien der Geist dem Zugriff der Bewusstheit zu entgleiten. Es ist schwer zu beschreiben, welche Wirkung krachende Beckenschläge auf das zentrale Nervensystem eines Menschen haben, der gerade eine relative Ebene der Ruhe erreicht hat.

Es gibt keine Belege dafür, dass irgendjemand bei diesem Lehrer jemals Samadhi erreicht hat. Doch immerhin war der Mann mit dem Feuer der Entschlossenheit und dem Glimmen wilden Eifers in seinen Augen ein ausgesprochen charismatischer Mensch. Er starb später an einem Herzanfall.

Einfache Übungen in konzentrativer Meditation

Es ist sehr leicht, das Gegenteil von konzentrativer Meditation zu erfahren; das heißt, es ist sehr leicht herauszufinden, wie unkonzentriert unser Geist tatsächlich ist. Setzen Sie sich hin, schließen Sie die Augen und konzentrieren Sie sich auf irgendetwas – auf einen goldenen Diamanten, den Sie visualisieren, auf den Klang der mystischen Silbe Om, während Sie diese wieder und wieder singen, oder auf die Empfindung Ihres Atems, wie er durch Ihre Nasenlöcher ein- und ausströmt. Sie können dazu auf einem Stuhl sitzen, in einer Yogastellung verharren oder auf Ihrem Bett liegen. Konzentrieren Sie Ihren Geist auf eines dieser Dinge und beobachten Sie, wie er überallhin wandert, nur nicht dorthin, wo Sie ihn haben wollen. Konzentrative Meditation funktioniert leicht, wenn Sie erfahren wollen, wie Ihr Geist wirklich ist, und Sie sich nicht länger mit dem angestrebten Idealzustand abmühen. Der Versuch, den Geist zu sammeln, macht uns auf denkbar einfache Weise mit dem Gegenteil, nämlich mit dessen flüchtiger Natur bekannt.

Aber in der Konzentrationsmeditation geht es nicht um die Wirklichkeit, sondern um Konzentration. Sie versucht, den Geist still auf ein Objekt konzentriert zu halten. Das bedarf großer Anstrengung, vieler Geduld und auch eines gewissen Maßes an Brutalität.

Versuchen Sie es nochmals mit der Konzentrationsmeditation, aber kümmern Sie sich dieses Mal nicht darum, wohin Ihr Geist wandert, wenn Sie versuchen, ihn zu sammeln. Bringen Sie ihn einfach zum Objekt der Konzentration zurück – zurück zum Diamanten, zum Klang, zum Atem, was immer Sie verwenden. Machen Sie das fünfzehn Minuten lang. Es ist sehr schwierig. Diamant. Diamant. Tagtraum. Hoppla! Diamant. Rechnungen, die zu zahlen sind. Wann ist Mittagessen? Hoppla! Diamant. Diamant. Und so weiter.

Wozu soll das gut sein?

Das soll angeblich dazu gut sein, dass Ihr Bewusstseinszustand verändert wird, wenn Sie Ihren Geist darauf trainieren, einzig und allein den Diamanten zu sehen, und sonst nichts geschieht.

Durch Konzentration mögen wir nach einem Zustand streben, der sich nicht verwirklichen lässt, zu dem Menschen aber durch äußerste Anstrengung sowie mit Hilfe von Methoden gelangen sollen, die uns jemand beschreibt, der von sich behauptet, bereits dort zu sein. Wenn wir erst einmal anders geworden sind, wenn wir es dorthin gebracht haben, können wir selber Lehrer sein, die andere dazu motivieren, diese Mühen auf sich zu nehmen. Wir sind dann diejenigen, von denen man annimmt, sie seien dort – wo immer das sein mag.

In der Zwischenzeit bleibt uns nichts anderes übrig, als dazusitzen, mit Gedanken, die hierhin und dorthin schweifen, und darum zu kämpfen, einen Geist zu konzentrieren, der nicht die geringste Absicht hat, stillzusitzen.

Die meisten von uns haben niemals erlebt, was als «Konzentration auf die eine Spitze» bezeichnet wird, und die meisten von uns werden dies auch niemals erleben.

Nebenwirkungen der Konzentrationsmeditation
– bitte nicht allein zu Hause ausprobieren

Wer ausdauernd genug ist, dem mag es gelingen, seinen Geist zu einer Art von relativer Ergebenheit niederzuringen. Dann schaffen wir es, uns auf ein einziges Objekt zu konzentrieren, auf einen einzigen Gedanken, einen Klang, was immer. Die Nebenwirkungen, die sich daraus ergeben, können angenehm oder unangenehm sein.

Auf der angenehmen Seite des Spektrums kann es dazu kommen, dass der Körper sich entspannt, sobald wir einmal über den Kampf hinausgelangen und unseren Geist zur Aufgabe gezwungen haben. Dies ist ein sehr angenehmer Zustand. Die meisten Meditierenden schlafen an diesem Punkt ein. An einem kleinen Nickerchen kann nichts Falsches sein – außer, dass es nicht sonderlich spirituell ist und dass wir, natürlich, das bisschen Konzentration verlieren, welches wir aufgebaut haben, und in Phantasiewelten davonschwirren.

Schließlich lernen wir, uns zu konzentrieren, uns zu entspannen und dabei *nicht* einzuschlafen. Das ist sogar noch angenehmer, und entsprechend zieht es uns nun in die gesamte Erfahrung hinein. Einige Zeit später tauchen wir daraus auf, und es ist uns klar, dass wir weder geschlafen noch die Konzentration verloren haben. Und doch waren wir der ganzen Situation nicht mehr gewahr. Wir waren in ein Niemandsland unbewusster Stumpfheit versunken. Der Geist ist konzentriert, der Körper ist wach, aber es ist niemand zu Hause.

Auch das ist ein wirklich interessanter Zustand, allerdings spirituell nicht sonderlich wertvoll, und das Problem ist, dass wir ihn unseren Freunden nicht richtig beschreiben können, weil wir total von der Rolle waren. Wenigstens haben wir nicht angefangen zu schnarchen. Niemand blamiert sich in einer Meditationsgruppe schlimmer als einer, der einschläft *und* schnarcht.

Bis hierher und nicht viel weiter gelangt im Allgemeinen der Praktiker, welcher ein bis zwei Stunden pro Tag meditiert. Die meisten von uns müssen sich schon in eine Klausur begeben, wo sie längere Zeiten ohne Ablenkung sitzen können, um an die wirklich scharfen Sachen heranzukommen.

Wie man über die Stumpfheit hinaus zu den guten Sachen gelangt

Leute, die es wirklich draufhaben, werden es schaffen, in der Meditation ihre Lethargie zu überwinden, endlich gesammelt zu sein und in dieser Verfassung wach und achtsam zu bleiben. Das kann zwar zwanzig Jahre der Übung brauchen oder längere Perioden der Klausur, doch haben wir Spaß dabei und bringen es unterwegs zu einigen Nickerchen. Nun sind wir an einen sehr erhabenen Ort gelangt, einen in der Tat *sehr* interessanten Ort. Unglücklicherweise ist das gewöhnlich jedoch kein sehr angenehmer Ort.

Wie sich herausstellte, hatte all das Wegdösen nämlich seinen Sinn. Der bestand darin, das zu vermeiden, was passiert, wenn wir unseren Geist sammeln und nicht einschlafen. Oft tritt aller seelische Müll, den wir in Geist und Körper abgelagert haben, bei diesem Punkt an die Oberfläche, ungerufen, ungewollt und meist ungezügelt. Der Hahn ist aufgedreht und jetzt sprudelt das Zeug ungehindert hervor. Für gewöhnlich ist das einigermaßen unangenehm, nicht wenige halten es gar für ziemlich erschreckend.

Lichter, Klänge, Visionen, Monster, Götter und Göttinnen, Vorahnungen – was immer Sie sich ausdenken, dort ist es irgendwo. Und wenn wir keine bestimmte Vision oder Erfahrung haben, ruft sie der Geist für uns aus dem kollektiven Unbewussten ab. Mit einem Mal geraten wir in frühere Leben, künftige Leben, in das Leben anderer Leute, wir sprechen Sprachen, die wir nie gelernt haben, bereisen Gegenden, von denen wir nicht einmal träumten, Planeten, Höllen, Himmel, Ramba Zamba ... was *ist* all dieses Zeug? Manchmal kommt es zu körperlichen Manifestationen wie Zuckungen, Schwellungen, Hautveränderungen, Hitzewallungen, Kälteschübe, Druckgefühle und so weiter. Verschiedene Krankheiten können sich manifestieren, das Energieniveau kann schwanken, es kommt zu plötzlichen Ermüdungserscheinungen, der Sexualtrieb wird verstärkt oder er geht flöten, es kommt zu Schlafstörungen (so dass wir erst recht froh sind, vorher einige Nickerchen eingeschoben zu haben).

Die wenigen Meditierenden, die tatsächlich zu solchen Erfahrungen kommen, die also nicht nur darüber gelesen haben oder darüber reden, sie bleiben darin zumeist stecken. Es kann sein, dass ihnen die ganze Angelegenheit nicht mehr geheuer ist und sie der Meinung sind, jetzt sei es an der Zeit, wieder zur Schule zu gehen, ein Diplom in Sozialarbeit zu machen und etwas wirklich Sinnvolles mit ihrem Leben anzufangen. Andere Meditierende werden das Feuerwerk und den ganzen Zirkus faszinierend finden, und sie werden den Rest ihrer Tage damit zubringen, diese Show zu erzeugen und sie schauend zu genießen – und natürlich jedem, der es hören will, davon zu erzählen. Manchen Menschen gelingt es nicht, solche Erfahrungen zu integrieren. Sie geraten aus dem Gleichgewicht und enden bei einem Psychiater, der ihnen helfen soll, ihre frühere Welt wieder zusammenzukitten.

Die spirituelle Literatur ist voll von Beschreibungen, woraus sich dieses Zeug zusammensetzt und was wir damit anfangen sollen. Auch auf die Gefahr hin, einem bereits allzu häufig diskutierten Gebiet noch einen weiteren Kommentar hinzuzufügen, wäre mein Vorschlag an dieser Stelle, mit alldem gar nichts anzufangen. Es ist interessant, aber Fernsehen ist das auch. Der innere Wert solchen Erlebens entspricht in etwa dem des Fernsehens.

Ohne mit dem Material der Psyche zu arbeiten oder darauf zu reagieren – was immer es zu sein scheint –, können wir es aktiv beobachten und gleichzeitig frei sein von den Angelhaken, die es nach uns auswirft. So lernen wir, das Wesen unserer Welt zu verstehen, ohne uns in ihr zu verlieren. Diese Fähigkeit wird uns helfen, mit dem Feuerwerk fertig zu werden. Dann werden die Dinge etwas ruhiger.

Nach einigen Augenblicken, Tagen, Jahren oder Jahrzehnten verschwinden die Manifestationen, Körper und Geist werden ruhiger und – es ist nicht ganz leicht zu erklären, warum – an diesem Punkt gibt es kaum etwas Verlockenderes als ein Nickerchen abzuhalten. Diesmal handelt es sich um ein sehr spirituelles Nickerchen. Es ist sogar in Ordnung zu schnarchen.

Was ist dran an all dem Zeug?

Das Zeug, das in unserem Geist auftaucht, wenn wir längere Zeit meditieren, kann in der Tat sehr aufregend sein. Es ist gerade so, wie wir uns das spirituelle Leben immer vorgestellt haben. Tatsächlich ist es gerade so, wie wir es uns vorgestellt haben. Es handelt sich um unsere Vorstellung. Wieder ist es Denken, das mehr von der eigenen Art hervorbringt.

Diese Gedankengewebe sind faszinierend. Man könnte ein ganzes Leben damit zubringen, sie zu studieren. Für jene, die einen großen Teil ihres Lebens damit zugebracht haben, solche Phänomene zu erleben, ist diese Faszination ein gewisser Trost. Es liegt etwas durchaus Befriedigendes darin festzustellen, dass es Gedankenformen gibt, die weitaus interessanter sind als die profanen Gedanken, mit denen wir uns allgemein im Leben herumschlagen.

Sämtliche Wandlungsformen des Denkens zu verstehen ist eine Kunst. Zu dieser tiefen Ebene der Erfahrung vorzudringen ist eine Errungenschaft. Ein Mensch zu sein, der das vermag, ist etwas sehr Ungewöhnliches. Doch die letzte Wahrheit liegt nicht in diesem Bereich; denn hier gibt es nur relative Wahrheiten. Die wenigen außergewöhnlichen Menschen, die diese Kunst erlernen und deren Grenzen nicht erkennen, bleiben in diesem Bereich stecken. Sie können keine

Freiheit finden; sie können keine Liebe finden; sie können keine Ruhe finden.

Wer in diese erhabene Welt des Wunderbaren findet und darin hängen bleibt, endet gewöhnlich als spiritueller Lehrer. Diese Leute lehren dann, wie man den Weg ins Wunderland findet. Sie können uns zeigen, wie man dorthin kommt, aber sie können uns nicht zeigen, wie man von dort je wieder rauskommt.

Achtsamkeitsmeditation – aufgepasst, dies ist wichtig

Das Gute an der Konzentration

Konzentration ist ein sehr hilfreiches geistiges Werkzeug. Sie hilft uns, den Körper zu entspannen, und sie bringt unseren Geist relativ in Ordnung. In der Kombination mit Achtsamkeit ist sie ein wirksames Mittel zur Erforschung der Psyche. Und in unseren alltäglichen Verrichtungen ist sie ein überaus wertvolles Werkzeug, das uns erlaubt, unsere Energie zu bündeln und sie in eine bestimmte Richtung oder auf ein bestimmtes Projekt hin zu lenken.

Konzentration ist ein gutes Werkzeug, und wie jedes andere Werkzeug taugt auch dieses für bestimmte Aufgaben und es eignet sich nicht für andere.

Konzentration wird uns allerdings wenig nützen, wenn wir uns dessen, worauf wir uns konzentrieren, nicht bewusst sind oder wenn uns gar nicht erst bewusst ist, *dass* wir konzentriert sind. Achtsamkeit ist eine enorm wichtige Komponente der Suche nach Erleuchtung. Ohne sie würden wir nicht realisieren, dass wir verwirklicht sind, und was würde uns die Verwirklichung dann nützen?

Ohne Bewusstheit wäre Jesus ein mittelmäßiger Schreiner mit vielen Pflastern auf den Händen gewesen. Buddha wäre den Versuchungen während jener letzten entscheidenden Nacht der Meditation in Bodh-Gâyâ erlegen und wäre einfach ein weiterer wandernder Sadhu geworden, wenn auch einer mit vielen interessanten Kräften. Ohne Bewusstheit gibt es keine Heiligen, Propheten oder Religionsstifter.

Bewusstheit ist angesagt

Bewusstheit ist ausgesprochen angesagt, und es fällt schwer, etwas gegen ihre Wichtigkeit zu sagen. Es gibt Kurse in Bewusstheit, Bewusstheitsübungen, und es gibt sogar Vitamine und Kräuter, die als Bewusstheitsverstärker angepriesen werden.

Bewusstheit ist in spirituellen Kreisen ein In-Begriff. Jedermann denkt, dass er oder sie Bewussheit haben sollte. Die meisten wollen mehr davon, als sie haben. Manche verlieren sie regelmäßig, finden sie aber wieder. Jeder kennt einen, der sie dauerhaft verloren hat. Einige wenige behaupten, sie permanent verwirklicht zu haben, und sie lehren gewöhnlich andere, wie man sie bekommt. Jene, die Bewusstheit erlernen wollen, sind Menschen, die sie nicht haben, die sie verloren haben, die davon gehört haben und sie haben wollen, oder denen einfach nur langweilig war und die zufällig in den Bewusstheits-Workshop gekommen sind.

Bewusstheit ist so sehr Teil der spirituellen Szene, dass wir unsere Bewusstheit *verloren* haben. Wir haben vergessen, dass Bewusstheit bloß ein Wort ist, dass es zum Jargon geworden ist, dass es zu etwas geworden ist, welches eher für ein Gefühl des Mangels steht als für einen Bewusstseinszustand. Wir gehen nicht zu den Bewusstheitsworkshops, um Bewusstheit zu finden. Wir gehen hin, weil wir bewusst *sind*. Wir sind uns dessen bewusst, dass wir unglücklich sind.

Es ist ja nicht so, dass unser Leben eine Katastrophe wäre. Wir gehören nicht zu den Leuten, die sich beklagen, ihr Leben sei fragmentiert, schrecklich, sinnlos und, um dem Ganzen eine ironische Wende zu verleihen, auch noch viel zu kurz. Es gibt Menschen, deren Ehe in die Brüche geht, denen der Hausarzt erzählt hat, sich wegen einer Geschwulst keine Sorgen zu machen, ohne dass sie zu einem Spezialisten überwiesen worden wären, um die Diagnose zu überprüfen. Solchen Leuten ist die Kreditkarte gesperrt worden. Und sie sind allergisch auf Laktose.

Die meisten von uns gehören nicht dazu. Die meisten von uns sind bloß nicht mit ihrem Leben zufrieden.

Aber Unglücklichsein ist nicht mehr angesagt. Es hat sich abgenutzt. Es lässt sich nicht gut vermarkten. Psychopharmaka wie Prozac sind in. Depression ist out. Depressive Menschen produzieren nicht so viel oder nicht schnell genug. Die Wirtschaft verliert aufgrund von Depressionen jährlich Milliarden von Euros. Sich in der Gesellschaft von Depressiven zu befinden ist ätzend.

Starbucks, die amerikanische Kaffeehaus-Kette, ist sich dieser Bewusstheitswelle bewusst geworden. Sie begannen damit, Bewusstheit becherweise an die vom Regen durchweichten, niedergeschlagenen Bewohner von Seattle zu verkaufen. Das war so ein Erfolg, dass selbst die Börsenhändler von Wall Street dieser Entwicklung bewusst wurden. Seattle erwachte. Mit dem Grunge-Sound aus dieser Stadt war es vorbei. Seelenschmetter verlor an Marktanteilen. Die Firma Starbucks ging an die Börse, und das Geschäft mit der Bewusstheit wurde zur Wachstumsbranche.

Marketingfirmen analysieren Aufmerksamkeit. Welche

Marke kommt Ihnen zuerst in den Sinn? Welche Assoziationen haben Sie zu welchen Markennamen, und ist das relevant für das Zielgruppenmarketing? Wie viele Zuschauer schenken den Werbeblöcken während Sportsendungen Beachtung, und wie viele sind abgewandert aufs Klo?

Aufmerksamkeit ist das große Geschäft. Und Aufmerksamkeit spielt auch in der spirituellen Welt eine große Rolle. Zentren, in denen man Aufmerksamkeit, Achtsamkeit und Bewusstheit erlernen kann, sprießen wie Pilze aus dem Boden der Gesellschaft.

Sowohl in der buddhistischen als auch in der yogischen Meditationstradition ist die Konzentrationsmeditation eine Vorübung, die es dem Übenden schließlich erlaubt, so weit zur Ruhe zu kommen, dass er oder sie dessen gewahr wird, was vor sich geht. Die östlichen Meditationssysteme haben sehr detaillierte Beschreibungen von Techniken zur Entwicklung von Gewahrsein; und alle diese Verfahren setzen ein gewisses Maß an Sammlung des Geistes voraus.

Achtsamkeitsmeditationen, die auf diesen östlichen Systemen beruhen, gehören zu den am schnellsten wachsenden Übungssystemen im Westen. Das liegt zum Teil daran, dass sie so einfach sind, zum Teil daran, dass der Übende damit sehr schnell Resultate erzielt – selbst wenn diese negativ sind. Achtsamkeitsmeditation ist einfach. Sie verlangt wenig mehr als endloses Sitzen, wobei man aufmerksam ist. Wir erlernen einfache Übungen, die uns unweigerlich vor Augen führen, wie unbewusst wir sind. Die Resultate sind «negativ», aber sie kommen sofort.

Am Anfang bringt man den Schülern bei, Konzentration zu entwickeln, im Allgemeinen durch Achtsamkeit auf den Atem. In einigen Schulen wird dem Meditierenden dann geraten, er solle beginnen, Achtsamkeit zu kultivieren, indem er bewusst wahrnimmt, was Augenblick für Augenblick geschieht, ohne es zu bewerten, ohne es zu mögen oder abzulehnen. Das geht etwa so: Atmen; Empfindung an den Nasenflügeln; Kitzeln; Abneigung gegen das Kitzeln; der Gedanke, sich zu kratzen, steigt auf; der Gedanke vergeht; Schmerz in den Knien; Denken ans Mittagessen; Schmerz in den Schultern; und so weiter und so weiter.

Wenn der Meditierende die Absicht, aktiv zu werden, bemerkt, wird der Prozess des Bemerkens und Benennens subtiler. In einigen Systemen verlangsamt der Übende die alltäglichen körperlichen Abläufe, sodass jedes Detail einer Aktivität beobachtet werden kann. Schließlich fällt der Prozess des Benennens weg, und der Übende ist der Körper/Geist-Phänomene ohne innere Verbalisierung gewahr. Dies hat die Qualität eines Stroms von Gewahrsein der sich Augenblick für Augenblick folgenden Gedanken, Gefühle und Empfindungen.

Und dies ist erst der Anfang der Achtsamkeitsmeditation.

Das Einmaleins des Bewußtseins – Übungen in Gewahrsein

1. Setzen Sie sich bequem hin, entweder auf einen Stuhl mit gerader Rückenlehne oder mit überkreuzten Beinen auf ein Kissen. Schließen Sie die Augen und achten Sie auf Ihren Atem, wie er durch die Nasenlöcher ein- und ausströmt. Bewegen Sie sich während dieser Meditation nicht. Beginnen Sie auf alles zu achten, was abläuft: Gedanken, Emotionen, körperliche Empfindungen, äußere Geräusche. Bemerken Sie sie einfach nur. Sie brauchen sie nicht unbedingt zu interpretieren. Sie brauchen nicht zu bewerten, ob das, was Sie wahrnehmen, gut oder schlecht, angenehm oder unangenehm ist. Doch wenn Sie beginnen, zu bewerten, dann bemerken Sie

dies ebenfalls. Nachdem Sie etwas bemerkt haben, bringen Sie Ihre Aufmerksamkeit zum Atem zurück. Machen Sie dies während 30 Minuten.
2. Nehmen Sie eine bequeme Sitzhaltung ein wie zuvor. Achten Sie auf Ihren Atem, bis Ihr Geist konzentriert ist. Jetzt lenken Sie Ihre Aufmerksamkeit auf Ihre Zehen, und lassen Sie die Aufmerksamkeit dann von den Zehen bis zum Scheitelpunkt Ihres Kopfes langsam Punkt für Punkt durch den gesamten Körper nach oben wandern. Sie mögen während einer Sitzperiode vielleicht nur ein Bein erkunden. Bemerken Sie alles, dessen Sie während dieses Prozesses gewahr werden. Machen Sie das während 30 Minuten.
3. Sobald Sie das können, machen Sie die beschriebenen Übungen eine Stunde lang.
4. Sitzen Sie eine Stunde lang. Seien Sie achtsam. Bemerken Sie nichts. Achten Sie nicht sonderlich auf Ihren Atem. Seien Sie einfach nur aufmerksam.

Sind wir bereits bewusst?

Lange Meditationsklausuren können zu großer Sammlung, zu tiefem Gewahrsein und zu einer umfassenden mentalen Stille führen. In dieser Atmosphäre der Klarheit kommt es oft zu großartigen Einsichten.

Dann ist es Zeit, zurückzukehren. Die reale Welt, das Leben, aus dem der Übende sich zurückgezogen hat, stürmt erneut auf den Praktizierenden ein, und gewöhnlich betäubt sie ihn sehr schnell wieder und drängt alle Einsichten ins Abseits.

Viele Übende der Achtsamkeitsmeditation passen sich diesem Ansturm der Realität an, indem sie eine Sprache annehmen und einen Standpunkt einnehmen, der sie auf Distanz bringt zu ihren Gefühlen. Denn Gedanken und Gefühle sind samt und sonders leer. Alle Phänomene sind vergänglich. Das Leben ist Leiden. Das sind Binsenweisheiten, die sich den östlichen Meditationstraditionen entnehmen lassen. Solche Weisheiten klingen gut. Eine gewisse innere Logik ist ihnen nicht abzsprechen, und sie werden getragen von ganzen philosophischen Systemen. Und wenn Ihr Konto leer ist und der Vermieter Ihnen mitteilt, Sie könnten in der Wohnung nicht länger bleiben, dann ist das Leben *wirklich* Leiden. Das Problem ist, dass es viele Leute gibt, die lieber Achtsamkeit üben, als ihr Leben in Ordnung zu bringen.

Andere Übende schotten sich von ihrem Leben ab, indem sie den Beobachter erzeugen. Dieser Beobachter ist eine Instanz, die sich der ganzen Katastrophe bewusst ist, die sich ringsherum abspielt. Der Beobachter ist nicht der Körper, aber er ist des Körpers gewahr. Der Beobachter ist nicht der Geist. Er ist des Geistes gewahr. Er ist nicht die Gedanken, Gefühle, Empfindungen. Er ist all dieser Dinge gewahr. Der Beobachter ist eine große Falle der Achtsamkeitsmeditation. Der Meditierende hat gelernt, alles zu beobachten, nur nicht den Beobachter selbst. Der Beobachter lässt sich nicht beobachten. Dies ist ein Paradox – und ein großes, großes Problem, wenn Sie versuchen, Erleuchtung zu erlangen.

Wenn es Ihnen nur darum geht, das Leben zu überstehen, dann ist der Beobachter ganz okay. Sie brauchen sich dann nie mehr verletzen zu lassen. Sie brauchen keinerlei Risiken mehr einzugehen. Sie brauchen nie mehr Verantwortung zu übernehmen. Alles, was Sie zu tun haben, ist zu beobachten. Beobachten ist die Lösung für alles. Es ist das Größte seit der Erfindung von fettarmem Tofu.

Wenn Sie Ihr Leben erst einmal beobachten, brauchen Sie es gar nicht mehr zu leben. Sie sind bewusst. Wenigstens sind Sie überzeugt davon, bewusst zu sein. In Wirklichkeit hat Ihr Geist einen Ort erzeugt, an dem er sich sicher fühlt, während Ihr Körper Kinder macht, altert und stirbt. Das ist alles. Es hat weniger Nebenwirkungen als psychiatrische Medikamente, aber ansonsten hat der Beobachter Ihres Lebens seine unvermeidlichen Grenzen, egal, wie Sie sich die Sache zurechtbiegen mögen.

Die meisten Praktiker der Achtsamkeitsmeditation bleiben beim Beobachter stecken. Überzeugt davon, angekommen zu sein, laufen sie mit starrem Blick herum und beobachten. Und ihre Freunde wollen sie davon überzeugen, wie wirksam diese Praxis doch ist. Sie lesen die Übersetzungen obskurer Sutras. Und wann immer es ihnen möglich ist, üben sie das Beobachten, indem sie still auf einem Kissen sitzen – und beobachten. Vielleicht ginge es auch darum, sich selbst zu beobachten, wie sie auf einem Kissen sitzen.

Wem das Beobachten nicht genügt, für den gibt es mehr.

Als Nächstes folgen ausführliche Landkarten von Stadien der Meditation, Beschreibungen von Bewusstseinszuständen, Ebenen des Verstehens und Graden der Tiefe des Gewahrseins. Wie eine Zwiebel, von der Schale um Schale abgeschält wird, wird der Geist des Übenden Schicht für Schicht enthüllt. Licht fließt, wo es früher einen Geist gab; die Realität wird als kontinuierlich und diskontinuierlich erkannt; der Beobachter bricht zusammen; Bemühung fällt weg; die Übung selbst fällt weg; verschiedene Ebenen der Buddhaschaft treten auf; und dann, endlich, die Erleuchtung.

Wo sind wir? Wir scheinen erleuchtet zu sein, und das war es ja, worum es ging. Wir sind sehr glücklich darüber – irgendwie auf eine leere Weise. Nun ja, wenn wir erleuchtet sind, dann können wir vielleicht sogar richtig glücklich darüber sein, haben wir doch erkannt, dass alles ohnehin leer ist.

Mal abgesehen von der Tatsache, dass wir nicht wirklich dort sind, ist das alles ziemlich aufregend. Wir sind hier und lauschen einer Beschreibung oder lesen selber eine Beschreibung, die vor Hunderten von Jahren verfasst und vor kurzem aus dem Pali oder dem Tibetischen übersetzt wurde. Wahrscheinlich werden wir nicht etliche Jahre oder ein ganzes Leben in Meditationsklausuren verbringen, eher werden es einige Wochenenden sein.

Das ist ein großes Problem.

Wir haben unsere unmittelbare Erfahrung in unserem wirklichen Leben mit einer wunderschönen und ausgeklügelten Philosophie aus fernen Tagen verwechselt. Wir wissen nicht so recht, ob wir da wirklich etwas erfahren oder ob wir nicht vielmehr glauben, wir sollten etwas erfahren.

Sind wir wirklich bewusst, oder glauben wir bloß, bewusst zu sein?

Wie man im Augenblick ist

Wie kann ich im Augenblick sein?
Sie sind im Augenblick. Wo könnten Sie sonst sein?
Aber ich bin nicht die ganze Zeit gewahr.
Nun, wo sind Sie dann?
Na, eben nicht gewahr.
Wenn Sie nicht gewahr sind, wo sind Sie dann?
Ich bin abgeschweift in Gedanken und Phantasien.
Wirklich?
Das ist nicht Gewahrsein. Gewahrsein ist im Augenblick.
Wie wissen Sie, dass Sie nicht im Augenblick sind?
Ich bin abgeschweift in Gedanken und Phantasien.
Wie wissen Sie, dass Sie in Gedanken und Phantasien abgeschweift sind?
Ich werde dessen gewahr, dass ich dort bin.
Also sind Sie gewahr.
Ja, ich bin dessen gewahr, dass ich nicht gewahr bin.
Wo sind Sie gewahr?
Dort.

Wenn Sie dort sind, ist das dann nicht hier?
Na gut, hier.
Sie sind also gewahr, dass Sie nicht gewahr sind und dass Sie dort sind, was eigentlich hier ist.
Genau.
Was war noch mal Ihre Frage?
Wie kann ich im Augenblick sein?
Sie sind im Augenblick. Wo könnten Sie sonst sein?

Wie ist man im Augenblick danach – und was ist Gewahrsein eigentlich?

Gewahrsein ist ein Wort. Wenn wir im Leben keiner anderen Sache gewahr wären, dann lassen Sie uns wenigstens dieser einen Tatsache gewahr sein. Das Wort *Gewahrsein* wird benutzt, um einen Bewusstseinszustand zu beschreiben, aber nicht, um ihn zu erklären, ein Zustand des Gegenwärtigseins mit dem Vermögen, ein Element der Wirklichkeit wahrzunehmen.

Das heißt, wir können nicht gleichzeitig gewahr und in Gedanken über unsere Kindheit verloren sein – obschon wir uns der Gedanken über die Kindheit gewahr sein können. Gewahrsein ist also gegenwärtig, und während das Denken ein Objekt der Wahrnehmung des Gewahrseins sein kann, existiert Gewahrsein nicht im Denken selbst.

Wir beginnen zu sehen, dass wir beim Reden über Gewahrsein ernstlich in Schwierigkeiten geraten können. Wenn Gewahrsein außerhalb des Denkens ist, dann ist es außerhalb der Sprache, und dann ist es außerhalb der Realität selbst. Was lehren die Schulen des Gewahrseins dann? Wie lehrt man etwas, das außerhalb von allem ist, was wir kennen?

Das ist in der Tat ein Dilemma. Was gelehrt wird, befindet sich im Bereich des Bekannten. Was gelehrt wird, ist ein System von Ideen. Man lehrt uns nicht die Meditation. Wir werden vielmehr dazu konditioniert, unsere Erfahrung auf eine bestimmte Weise zu verbegrifflichen.

Es ist nicht schwer zu sehen, wie wir so zu etwas gelangen können, das besser ist als das, wovon wir ausgegangen sind. Wir begannen bei einem Ungenügen, und nun sind wir dieses Ungenügens gewahr. Wir haben keine Wahl mehr, als unseres Leidens gewahr zu sein. Das ist zweifellos besser als einfach nur zu leiden. Das heißt, ist es das wirklich?

Wir gehen, und indem wir unsere neu erworbene Fähigkeit als Meditierende benutzen, bemerken wir den Schmerz in unserem Fuß. Schmerz bemerken. Schmerz bemerken. Schmerz bemerken. Wir sind richtiggehend glücklich darüber, so weit gekommen zu sein, keine andere Wahl mehr zu haben, als unseren Schmerz zu bemerken. Wir bemerken ihn einfach. Es ist einfach nur Schmerz. Das muss Erleuchtung sein.

Erleuchtung ist es nicht. Entfernen wir doch mal den Stein aus unserem Schuh. Schmerz ist nicht einfach nur ein Objekt des Gewahrseins, er ist auch eine Botschaft, etwas, das uns zum Handeln aufruft, ein Faden, der uns, wenn wir ihm folgen, zu einem tieferen Verständnis führen kann und zu einem tieferen Ausdruck unseres Lebens.

Wir sind so damit beschäftigt, gewahr zu sein, dass wir darüber vergessen zu leben.

Zur Beschreibung der gelehrten Techniken benutzten die Achtsamkeitslehren oft die Metapher eines Bootes, mit dem man einen Fluss überquert. Man braucht die Achtsamkeitstechniken nur, um ans andere Ufer zu gelangen. Ist man drüben einmal angekommen, so lässt man die Techniken wieder fahren. Aber wo ist die andere Seite, und was ist es, das wir überqueren? Leben wir so, wie wir sind, nicht bereits? Gibt es im Leben ein anderes Ufer, einen Ort, den man Erleuchtung nennt und an dem die Dinge grundlegend anders sind? Wo ist dieser Ort? Kann irgendjemand zu unser aller Nutzen diese andere Seite direkt und nicht metaphorisch demonstrieren? Und wenn nicht, handelt es sich dann vielleicht nur um ein weiteres Glaubenssystem, das wir übernehmen?

Was ist Gewahrsein denn nun eigentlich?

Gewahrsein, diese lästige Zeit zwischen zwei Nickerchen

mindfulness?

Wir sind zum Anfang zurückgekehrt. Gewahrsein ist ein Wort. Darüber hinaus weiß niemand wirklich, was Gewahrsein ist oder was man damit anfangen soll. Das ist die nackte Wahrheit. Gewahrsein ist eine Frage, die sich nicht beantworten lässt, eine Stille, die sich nicht unterbrechen lässt, etwas, das sich nicht besitzen, kontrollieren oder gebrauchen lässt.

Wir können Gewahrsein nicht lernen, und sie lässt sich auch nicht lehren. Wir können versuchen, ihr aus dem Weg zu gehen, aber selbst das ist unmöglich. Gewahrsein ist nicht schwer zu erreichen. Sooft wir auch versuchen, sie beiseite zu schieben, so oft kehrt sie zurück. Zu Gewahrsein zu kommen ist so leicht, wie dahin zu gelangen, wo wir bereits sind.

Da gibt es nichts zu üben, und nichts zu üben ist etwas, das wir alle tun können. Wenn wir nicht schlafen, sind wir wach. Wenn wir wach sind, dann müssen wir gewahr sein. Wenn Sie dies lesen können, dann sind Sie gewiss wach. Das Nickerchen ist vorüber, und diese lästige Sache namens Gewahrsein ereignet sich.

Wir können versuchen, uns mit Essen und Trinken, zu viel Fernsehen, zu viel Arbeit oder tausend anderen Dingen abzustumpfen. Wir können uns von unserem Leben mit Ideen, Terminkalendern und kindischen Forderungen abschotten. Trotzdem sind wir da, wo wir sind, trotzdem sind wir noch wach, und diese lästige Sache namens Gewahrsein ereignet sich.

Wir können sie nicht anhalten.

Wir können nichts damit anfangen.

Gewahrsein ist eine Tatsache des Lebens.

Devotionale Meditation:
wenn ich dich liebte

> *Klagen sind der größte Tribut, den wir dem Himmel zollen, und der ehrlichste Teil unserer Andacht.*
> Jonathan Swift

> *Denn es liegt Gott nicht im Sinne bei seinem Werke, dass der Mensch in sich eine Stätte habe, darin Gott wirken könne, sondern (nur) das ist Armut im Geiste, dass der Mensch Gottes und seiner Werke so ledig stehe, dass dieser, wollte er in der Seele wirken, selbst zur Stätte werden muss, darin er wirken will.*
> Meister Eckehart

Zum Kern der Sache kommen

Viele Menschen mit spirituellen Neigungen sind nicht allzu sehr erpicht darauf, herumzusitzen und ihren Geist zu sammeln, mit der Aussicht, dass sich unvermeidlich psychische Phänomene bemerkbar machen. Sie wollen eine Praxis mit etwas mehr emotionalem Saft, sie wünschen sich eine Meditation, die sehr viel einfacher und zugänglicher ist. Was diese Menschen zum Ausdruck bringen möchten, ist nicht so sehr ihr Geist als vielmehr ihr Herz.

Das Herz ist in unserer Sprache zu einer Metapher geworden. Was wir mit dem Herzen meinen, ist ein Gefühl der Ausdehnung, der Verbundenheit, einer großen emotionalen

Verschmelzung, die nicht durch den Verstand vermittelt ist. Diese Sätze selbst sind wiederum metaphorisch oder symbolisch, und so stellen wir fest, dass es einigermaßen schwierig ist, zum Ausdruck zu bringen, was wir mit dem Herzen meinen. Das ist in Ordnung so, denn das Herz kümmert es nicht, was es bedeutet, es fühlt einfach. Dem Verstand geht diese Verschwommenheit auf den Geist, und er lehnt sie ab; er sähe es lieber, wenn wir uns in Konzentrationsmeditation übten. Das ist wenigstens eine Praxis, die er verstehen kann.

Doch das Herz verlangt nach dem Gefühl, das wir Andacht nennen. Andacht ist das Symbol für den Ausdruck des metaphorischen Herzens. Manche von uns fühlen sich zur devotionalen Meditation hingezogen, ohne zu wissen, warum. Wir *können* nicht wissen warum und uns trotzdem noch dazu hingezogen fühlen. In der Andacht wird der denkende Geist, der Intellekt, still.

Die relative Stille eines denkenden Geistes, der aufgegeben hat, ist mächtig, aber sie ist immer noch beschränkt. In der Andacht mögen wir den Intellekt ruhig gestellt haben, doch haben wir den Geist als Ganzes bereits befriedet? Ein Vorrat an tief verwurzelten religiösen und psychologischen Bildern ist immer noch aktiv, und diese Aktivität wird vielleicht durch das Wegtreten des Intellekts und die daraus resultierende Inbrunst der andächtigen Frömmigkeit noch verstärkt. Die Welt des Andächtigen erhält immer noch ihren Sinn durch den religiösen Geist und das ihn stützende kulturelle Paradigma.

In der Theorie der devotionalen Meditation wird das Gefühl der Liebe und Anbetung nur zu Beginn der Praxis auf ein Bild oder eine Idee fokussiert. Wenn die Andacht sich dann vertieft, so heißt es, sollte das Objekt der Liebe, die Idee, wegfallen, sodass alles, was übrig bleibt, Andacht und Hingabe selbst ist. Was bleibt, ist Liebe ohne Objekt oder Subjekt. Bei einigen wenigen mag das sogar zutreffen. Bei den meisten jedoch bleibt die Andacht an die Bilderwelt gebunden, an eine Theologie und an die Philosophie des jeweiligen Glaubenssystems.

Andacht – das Opium der Religion

Alle großen Religionen beinhalten devotionale Meditationsformen als ein Kernelement ihrer Lehre. Die für den Gebrauch der Massen gedachte exoterische Version ist gewöhnlich äußerlich und ikonisch; sie wird in den Schriften, den Gemälden, den Statuen und der Architektur eines Glaubens dargestellt. Einiges davon berührt unser Herz durch seine erstaunliche Schönheit. Doch im schlimmsten Fall degeneriert dieser Aspekt zur mechanisch einfallslosen Vervielfältigung von Abbildern, die dazu benutzt werden, die große Masse der willigen Anhänger zu manipulieren.

Nichtsdestotrotz existieren für jeden Menschen innerhalb einer bestimmten religiösen Kultur bestimmte offensichtliche äußere Symbole der Anbetung, durch die er sich mit einem Gefühl der Andacht zu verbinden vermag. In einer exoterischen Religion nimmt devotionale Meditation die Form eines Rituals an – programmierte kollektive Akte, die ad infinitum wiederholt werden. Dies ist der Leim, der die religiöse Gestalt zusammenhält, Ausdruck von kollektiven, jedoch unbewussten Gefühlen der Anbetung. Die Rituale der Religion sind eine Art devotionale Gruppenmeditation. Sie sind machtvolle Ausdrucksformen, die eine liturgische Kontinuität herstellen und innerhalb der Glaubensrichtungen eine gegenseitige Abgrenzung ermöglichen.

Es ist kein Zufall, dass die am stärksten wachsenden Religionen jene sind, die besonders dogmatisch ritualisiert sind. Rituale funktionieren. Sie erzeugen ein Gefühl der Verbundenheit mit einer ganzen religiösen Geschichte. Die

Wiederholung hat eine beruhigende und sammelnde Wirkung auf den Geist, durchaus zu vergleichen mit der Konzentrationsmeditation. Das Ritual hat einen Anfang und ein Ende, eine Zeit und einen Ort sowie eine Zukunft, in der es wiederholt werden wird – fünfmal am Tag, einmal wöchentlich am Sonntag oder einige Male im Jahr an besonderen Feiertagen. Das Ritual ist etwas Vorhersehbares und Greifbares in einer Welt, die zum größten Teil außer Kontrolle zu sein scheint und übervoll ist mit Unbegreiflichem. Wir sehnen uns nach Strukturen, die das ungeteilte Ganze darstellen, die unseren Blick erweitern, welche die natürliche Welt abbilden.

Rituale sind solche Strukturen. Das Ritual bietet dem gestressten Geist, dem gebrochenen Herzen und der verlorenen Seele einen Ort der Ruhe.

Doch Rituale können nicht bewusst werden. Wir können uns ihres Zwecks, ihres Ursprungs, ihres Sinns, ihrer Wirkung nicht völlig bewusst werden. Wenn wir Rituale, mit denen wir vertraut sind, näher untersuchen, kippt etwas um. Sie haben nicht mehr dieselbe emotionale Tiefe oder Bedeutung.

Wenn wir genauer hinsehen, dann durchschauen wir nicht nur die soziale Konstruktion des Rituals, sondern auch die Konstruktion der Religion selbst. Wir sehen, dass wir Teil einer Gruppe sind, die zusammen durch diese Rituale geht, dass wir außerhalb der gemeinsamen Praktiken jedoch nicht in Kontakt miteinander sind. Wir entdecken, dass die Ursprünge dieser Praktiken mehr mit Macht, Politik, mit sozialem Kitt sowie mit Kulturgeschichte zu tun haben als mit der Offenbarung einer letztgültigen Wahrheit.

Wir entdecken, dass es einen enormen Druck gibt, den Rahmen dieser religiösen Praktiken nicht zu verlassen. Die Strafe für abweichendes Verhalten ist die öffentliche Ächtung. Zu den überzeugenderen Argumente dafür, nicht aus dem rituellen Programm auszubrechen, gehört die Androhung des Höllenfeuers, die Beschlagnahmung unserer Besitztümer oder ganz einfach der Scheiterhaufen.

Stets wird das Ritual gerade unserer Gruppe, unser Glaubenssystem, von den Glaubenssätzen und Praktiken irgendwelcher anderer abweichen, und deshalb werden wir mit diesen im Konflikt sein. Und jenes andere Glaubenssystem wird stets mit uns in Konflikt sein. Dies ist das Problem mit dem Glauben. In seinem Kern bleibt etwas Ungewisses und deshalb Protektionistisches. Wenn wir Andacht und Hingabe praktizieren und diese Hingabe unseren Glaubenssätzen gilt, dann geben wir uns ebenso sehr dem Konflikt hin, der einem jeden Glaubenssystem eigen ist.

Die Meditation der liebenden Güte

Aus der buddhistischen Tradition kommt eine machtvolle Meditation zu uns, die darauf abzielt, die Qualitäten von Liebe, Mitgefühl und Güte zu entwickeln. Diese Meditationsform richtet sich auf die Erzeugung und Verstärkung dieser Geistesqualitäten im Einzelnen sowie darauf, diese Qualitäten so weit auszudehnen, dass sie alle Lebewesen erreichen.

Bei Menschen, die Hass gegenüber sich selbst empfinden oder zu Zorn und Kritik neigen, kann die Kultivierung von Liebe und Akzeptanz tief greifende Auswirkungen auf die Strukturen ihres Verhaltens und ihrer Wahrnehmung haben. Der Endpunkt der Meditation der liebenden Güte ist die Ausdehnung heilender Qualitäten über den Übenden hinaus auf das gesamte Universum.

Es ist schwer zu sagen, ob das, was durch diese Übung erzeugt wird, wirklich liebevoll und gütig ist, oder ob es ein imaginärer Zustand ist, der durch Einübung bestimmter Gefühle und durch Wiederholung von Wörtern bestärkt wird, die nahe legen, dass diese Gefühle authentisch sind.

Der erzeugte Bewusstseinszustand ist für den Übenden sehr machtvoll. Ein Beobachter mag jedoch den Eindruck gewinnen, dass der Übende abgedreht, distanziert oder von der Meditationspraxis abhängig ist, um bestimmte Erfahrungen machen zu können. Einige Übende können einen zutiefst unglücklichen Eindruck machen, während sie doch selbst überzeugt sind, gerade das nicht zu sein. Wenn wir unglücklich sind, wollen wir das dann auch noch wissen? Wenn wir unglücklich sind und mit Hilfe dieser Übung ein Gefühl der Liebe erzeugen – sind wir dann das, was wir fühlen, oder das, was wir nicht fühlen?

Dass sich durch diese Übung starke Gefühlszustände erzeugen lassen, steht außer Frage. Es ist jedoch nicht ganz klar, ob wir verstehen können, was diese Gefühle in Wirklichkeit sind, und ob wir sie voll und ganz in unser Leben integrieren können. Oft wissen wir nicht einmal, warum wir versuchen, diese Gefühle zu erzeugen, oder warum überhaupt diese Gefühle nicht von allein da sind. In Anbetracht der Komplexität der modernen Psyche sind wir am Ende vielleicht aufgrund unserer Versuche, liebende Güte zu kultivieren, nur noch verwirrter.

Es wäre schön, daran zu glauben, dass wir etwas dafür tun können, um liebevoll zu sein. Meist glauben wir ja, dass wir etwas tun sollten, weil wir nicht recht wissen, wie wir lieben können, und das zu großem Schmerz führt. Doch dieser untergründige Glaube wird dadurch, dass wir «üben» zu lieben, nur noch verstärkt, weil dabei doch davon ausgegangen wird, dass wir es noch nicht richtig können.

Wenn ich dich liebte

Es gibt eine Art der Andacht, die keine Meditation ist, sondern einfach eine Tatsache. Man kann sie nicht üben oder kultivieren. Man findet sie oft bei so genannten «einfachen Menschen», selten bei Theologen und Philosophen.

Für diese wenigen Menschen ist die bloße Demut, mit der sie ihre Beziehung zu ihrer Umwelt leben, sowie der Glaube und die Liebe, mit denen sie ganz natürlich ihr Leben gestalten, Ausdruck von Andacht selbst. Diese Menschen üben nicht Andacht, sie üben keine Meditation, sie leben sie.

Wir Übrigen mögen auf Kissen sitzen und geloben, alle Lebewesen zu lieben, aber es hilft nichts.

Wir können Gott fragen: «Was wäre, wenn ich mich entschlösse, dich zu lieben?» Wir werden es nie herausfinden.

Die meisten von uns werden sich erst einmal mit der Falschheit ihres Glaubens, der Sprunghaftigkeit ihres Vertrauens, der Seichtheit ihrer Beziehung zu ihrem Leben auseinander setzen müssen. Wir werden zugeben müssen, dass unsere Andacht nichts weiter ist denn ein Feilschen mit dem Leben um Sicherheit und dass wir eine Position außerhalb der Liebe eingenommen haben, so als seien wir Animateure der Liebe.

Für die meisten von uns ist Andacht eine geheimnisvolle und unzugängliche Eigenschaft, über die wir in der spirituellen Literatur lesen, die wir in religiösen Zusammenhängen ritualisieren oder die wir im Rahmen spiritueller Organisationen einüben, indem wir den Anweisungen anderer folgen. Wir fühlen sie nicht. Wir leben sie nicht.

In Wirklichkeit ist sie nicht.

Diese Einsicht mag uns ein Tor sein zu dem, was tatsächlich ist.

Die christlichen Mystiker nennen diese Einsicht die «Dunkle Nacht der Seele», Yogis sprechen vom *neti, neti*, «nicht dies, nicht das», vom Abtun des Trügerischen. Es ist die Anerkennung der Tatsache, dass die Wahrheit der Liebe sich nicht in der Verehrung finden lässt, von dem, was ist, sondern durch das Ablegen von dem, was nicht ist. Was Liebe ist, wird stets verzerrt sein durch die Bilder und Vorstellungen, die wir uns von ihr machen. Was nicht Liebe ist, lässt sich herausfinden und abtun. Was zurückbleibt, ist die namenlose, formlose Wirklichkeit universaler Liebe.

Das einzige Hindernis für die Liebe ist die Vorstellung von einem Ich. Es ist genau dieses Ich, das gelobt hat, sich der Liebe hinzugeben. Unsere Verehrung steht uns im Wege, denn unser Ich steht im Wege.

Unser Ich existiert tatsächlich nicht, unsere Andacht existiert tatsächlich nicht.

Da ist nichts, was der Liebe im Wege stehen könnte.

Autorität und das Streben nach Sicherheit

> *Ich habe nicht versucht, Menschen an mich zu binden, sondern sie zu sich selbst zu bringen ... mein Stolz liegt darin, keine Anhänger zu haben.*
> Ralph Waldo Emerson

Wie lässt sich der authentische spirituelle Lehrer erkennen?

Traditionellerweise kommen Meditationslehrer aus der Kultur, in der ihre Lehre entstand. Um Meditation lehren zu können, mussten sie vorher viele Jahre lang selbst Meditation geübt haben, und sie mussten schließlich vom eigenen Meister bestätigt werden, bevor sie sich als neue Lehrer in die Welt hinauswagen durften.

Es sind heute noch einige traditionelle Meditationslehrer in Umlauf, aber bei weitem nicht mehr so viele wie einst. Die traditionellen Kulturen selber sterben aus. Wenn sie nicht durch eine simple militärische Invasion zerstört werden, wie etwa Tibet durch die Besetzung der Chinesen, dann werden sie oft zum Opfer von CNN, MTV, McDonald's, Coca-Cola und all der anderen Glanzseiten Amerikas, die in alle Welt exportiert werden. Wenige der verbleibenden traditionellen Lehrer sind noch durch mehr als Erinnerungen an eine ferne Kindheit mit ihrer eigenen Kultur verbunden. Oft sind sie verwestlicht und durch die widerstreitenden Kräfte in ihnen und um sie herum verwirrt.

Doch ein neuer, dynamischer Typ von spirituellem Lehrer ist dabei zu entstehen. Solche Lehrer haben sich im Allgemeinen selbst zu Lehrern ernannt. Wenn sie sich auf den Segen eines Gurus berufen, dann ist es gewöhnlich ein verstorbener Guru, der ihre Authentizität weder bestätigen noch bestreiten kann. Man braucht sich nur einmal umzusehen, wie viele frisch gebackene amerikanische Gurus Fotos von Ramana Maharshi mit sich führen, um sich auszuweisen. Ramana war einer der großen Heiligen Indiens, und er war dafür bekannt, dass er den größten Teil seines Lebens in Stille dasaß und dass er nicht den geringsten Gedanken darauf verschwendete, Schüler zu salben, die sein Werk fortführen würden. Ramana Maharshi ist nun seit gut fünfzig Jahren tot. Dennoch gibt es heute Dutzende von Lehrern, die unter seinem Bildnis sitzen, während sie Vorträge halten. Wenn man heutzutage ein Meditationslehrer sein will, braucht man nur zu behaupten, einer zu sein.

Eine Überlieferungslinie war traditionell ein Mittel zur Bestätigung der Echtheit eines Lehrers. Das erscheint vernünftig genug. Wir können annehmen, dass Moses etwas

Wichtiges zu sagen hat, da Gott sich an Moses wandte. Heutzutage scheint Gott mit jedem zu sprechen.

Diejenigen, die über keine Traditionslinie verfügen, erfinden eine, oder besser noch, sie beginnen die eigene. Um Ihre eigene Traditionslinie zu begründen, brauchen Sie nur zu behaupten, Sie seien erleuchtet; später erklären Sie Ihr erstes Dutzend von Schülern als erleuchtet und sagen denen, sie sollen hinausgehen, um selber zu lehren. Das tun sie bestimmt. Und schon haben Sie Ihre eigene Linie begründet. In diesem Geschäft sind selbst Tote noch aktiv, indem sie ihre Botschaften aus dem Jenseits channeln.

Wie sollen wir uns da noch zurechtfinden? Spricht Gott wirklich zu all diesen Neopropheten? Wenn einer nicht in einer traditionellen Linie bestätigt ist, kann er oder sie dann noch authentisch sein? Verfügt einer, bloß weil er tot ist, auch schon über tiefgründiges Wissen?

Tatsache ist, dass es unmöglich ist, hier den Durchblick zu haben. Es gibt absolut keinen Weg herauszufinden, was authentisch ist. Wenn da eine Traditionslinie ist, so gibt es dazu garantiert auch eine Gegenlinie. Irgendwo in den Verästelungen des Stammbaums hatten zwei Jünger des amtierenden Lehrers eine Meinungsverschiedenheit, und flugs begründeten sie zwei sich konkurrierende Linien. Jede dieser Linien ist der Meinung, die andere Linie sei nicht echt. Versuchen Sie nur einmal herauszufinden, welche christliche Denomination *authentisch* ist: Sind es die Katholiken? Griechisch-Orthodoxe? Lutheraner? Quäker?

Die Behauptung, Gott habe gesprochen, ist weit verbreitet. Diese Aussage wäre ja echt beeindruckend, stünde sie nicht neben der unbestreitbaren Tatsache, dass Gott zu verschiedenen Menschen immer ganz unterschiedliche Dinge sagt.

Gott sagt mir, alle Menschen sollten blaue Gewänder tragen. Gott sagt dir, alle Menschen sollten gelbe Gewänder tragen. Und schon haben wir ein großes Problem mit dieser «Gott-hat-zu-mir-gesprochen-Tour». Es funktioniert einfach nicht.

Channeling. Es gibt Verstorbene, die gechannelt werden. Und es gibt interdimensionale Wesen und intergalaktische Wesen, die gechannelt werden. Nehmen wir mal für einen Moment an, diese verstorbenen und außerirdischen Wesen seien tatsächlich da draußen und sie sprächen durch ein Medium. Muss uns dann dieses Phänomen derart beeindrucken, dass uns der Inhalt der Durchsagen völlig egal ist? Ist das Medium die Botschaft?

Oder ist die Botschaft die Botschaft? Und was *sind* das schließlich für Botschaften?

Schauen wir uns das gechannelte Material doch einmal an. Die Botschaft ist, was immer wir dafür halten. Sie ist alles und jedes. Sie ist nichts. Channeling hilft uns auch nicht, die Echtheit eines Lehrers oder von irgendetwas anderem zu bestimmen.

Alle Verallgemeinerungen sind falsch

Die spirituellen Lehrer Amerikas sind ein komischer Haufen. Sie lieben es, mit der eigenen Lieblingsshow psychoanalytische Techniken und Körperarbeit zu vermischen. Sie tun ihr Bestes, um alle Weltreligionen in ihren Vorträgen zusammenzurühren. Sie verlangen im Allgemeinen ein Honorar für ihre Vorträge, Bücher und anderen Produkte – als Spende für ihre gemeinnützigen Stiftungen, von denen sie sich dann wiederum unterhalten lassen. Sie sind hervorragende Marktstrategen, oder sie haben hervorragende Marktstrategen in ihrer Organisation. Sie lehren, dass stetes Bemühen zu Resultaten führt. Sie lehren auch, dass wir, wenn wir uns in der spirituellen Arbeit nicht gehörig anzustrengen vermögen, immerhin noch auf Gnade zählen dürfen, auf eine Art Wohlfahrt für spirituell Verarmte. Kurz gesagt: Sie sind Amerikaner, die amerikanische Werte lehren. Sie haben den westlichen Materialismus nicht transzendiert. Sie haben nur unsere Kultur in einen spirituellen Jargon übersetzt. Das verkaufen sie nun. Und wir kaufen es ihnen ab.

Das sind lauter Verallgemeinerungen über amerikanische spirituelle Lehrer. Wir wissen, dass alle Verallgemeinerungen falsch sind. Aber dass dies Verallgemeinerungen sind, heißt noch nicht, dass diese Lehrer nicht auf uns scharf wären. Oder zumindest auf unsere Brieftasche.

Was Erleuchtete mit ihrer Freizeit anfangen

Drei berühmte spirituelle Lehrer, ein Yogi, ein Mönch und ein Derwisch, trafen einst zusammen und forderten sich gegenseitig heraus, gegenseitig in völliger Offenheit von ihren Schwächen zu erzählen.

Der Yogi sagte: «Obschon ich für meine strenge Askese bekannt bin, muss ich gestehen, dass ich es trotz meines Ringens um Überwindung des Begehrens immer noch liebe zu trinken.»

Der Mönch errötete leicht vor Scham, war aber bereit, sich der Herausforderung zu stellen: «Ich habe kein Problem mit dem Alkohol, aber obwohl ich meditiert und gebetet habe, kann ich es nicht lassen, der Versuchung der Frauen zu erliegen.»

Nun gab es eine lange Pause. Daraufhin wandten sich die beiden geständigen erleuchteten Wesen dem Derwisch zu und fragten: «Nun, was ist deine Schwäche?»

«Ach, wisst ihr», sagte der Derwisch, «ich habe diesen fürchterlichen und nicht zu bremsenden Drang, Klatsch zu verbreiten.»

Erleuchtete Lehrer erzählen uns vom kosmischen Bewusstsein. Sie berichten von feinstofflichen Welten und den unendlichen Errungenschaften des spirituellen Pfades. Selten aber verraten sie uns, was sie mit ihrer Freizeit anfangen.

Wir stellen uns vor, wenn wir solch ein erleuchtetes Wesen wären, dann würden wir früh aufstehen für unsere Morgenmeditation und einen Cappuccino. Wir würden unserer Frau einen Abschiedskuss geben, bevor wir uns in den Trubel des Berufsverkehrs stürzen, den wir selbstredend mit Gleichmut bewältigten. Im Büro angekommen, würden wir den Tag damit zubringen, gute Werke zu tun, Menschen in ihrer spirituellen Praxis zu unterstützen und unsere Verehrer in ihrer Verehrung zu bestärken. Nie brauchten wir uns Sorgen zu machen um die Hypothek, die auf unserem Haus lastet, um die Miete für unser Büro oder die Telefonrechnung; nicht einmal die Frage, wie wir das Geld unter unserer Matratze investieren könnten, würde uns bekümmern. Das sind weltliche und unwesentliche Details, die man am besten anderen überlässt.

Wir würden uns zu einem Arbeitsessen mit Reportern treffen, die darauf brennen, uns zu fragen, wie man die Probleme der Welt lösen kann, oder wir träfen uns vielleicht mit anderen erleuchteten Wesen, die gerade auf der Durchreise sind. Nachdem wir noch mal im Büro angerufen haben, um zu checken, ob es noch irgendwelche in letzter Minute aufgetretenen Krisen zu meistern gibt, würden wir uns früher auf den Heimweg machen, um dem Berufsverkehr zu entgehen.

Wir könnten uns vorstellen, ein leichtes, gesundes Abendessen einzunehmen, begleitet von witzigen, auf subtile Weise tief gründigen Gesprächen mit unserer uns anhimmelnden Gefährtin, vielleicht auch im Kreise einiger enger Gefährten. Engelgleiche Kinder huschten herum, ohne den geringsten Krach zu machen. Sie würden einander wahrscheinlich bei den Hausaufgaben helfen oder sich leise über die Wunder des spirituellen Lebens unterhalten.

So weit, so gut. Es fällt uns ja nicht schwer, uns vorzustellen, wie das Leben für ein erleuchtetes Wesen aussieht.

Aber was dann? Ist es Zeit für die Abendnachrichten, ein Kreuzworträtsel, Stricken? Was tun wir an Wochenenden, was in den Ferien? Was machen wir zu Neujahr, wenn alle Geschäfte geschlossen sind? Sollten erleuchtete Wesen nicht irgendetwas Erleuchtetes tun?

Was fangen Erleuchtete mit ihrer Freizeit an? Und warum spricht kein Mensch darüber?

Kann es sein, dass Erleuchtete sich die Abendnachrichten ansehen, dass sie ein Video ausleihen oder zu Hause Computerspiele spielen? Könnte es sein, dass sie unerleuchtete Dinge tun? Wenn sie nach Feierabend genauso sind wie wir, sind sie dann während der Bürostunden wirklich so, wie sie vorgeben zu sein? Vielleicht können sie es gar nicht erwarten, endlich mit ihren tiefgründigen Darlegungen fertig zu sein, damit sie nach Hause gehen können, um die letzten Kapitel eines angefangenen Liebesromans fertig zu lesen, oder damit sie online ihre Börsenkurse abfragen oder mit Freunden am Telefon ratschen können.

Vielleicht langweilt ihre Arbeit sie ja auch und sie haben das Gefühl, ihr Leben zu vergeuden. Vielleicht bereuen sie es, nie das Abitur geschafft zu haben. Vielleicht fragen sie sich, warum sich niemand jemals nach *ihrem* Wohlergehen erkundigt. Vielleicht wären sie froh um die Freiheit, gelegentlich einen schlechten Tag haben zu dürfen. Erleuchtet sein ist gewiss kein leichter Job – das Einkommen mag ja hervorragend sein, aber die Präsenzzeiten sind enorm, und nie hat man so recht Gelegenheit, sich zu entspannen und sich hängen zu lassen.

Wenn die Erleuchteten sich aber verhalten wie einer von uns, vielleicht *sind* sie dann ja einer von uns, ja, und dann müssen wir wohl einer von ihnen sein. Vielleicht ist in diesem Erleuchtungsgeschäft ja alles ein wenig anders, als es scheint.

Lassen Sie uns beim nächsten erleuchteten Wesen, dem wir begegnen, mal ein wenig nachhaken. Lassen Sie uns herausfinden, wie es diesen Menschen wirklich geht – und was sie mit ihrer Freizeit anfangen.

Triffst du den spirituellen Lehrer unterwegs

> *Triffst du Buddha unterwegs,*
> *töte Buddha!*
> Koan des Zen

Hier sind einige Fragen, die Sie sich selbst stellen können sowie jedem spirituellen Lehrer, bei dem Sie studieren wollen; dazu einige Betrachtungen zur Natur religiöser Autorität.

Warum brauchen Sie einen Lehrer? Ist mit Ihnen irgend etwas nicht in Ordnung? Warum braucht der spirituelle Lehrer Sie? Warum lehrt der Lehrer? Warum sind Sie ein Schüler?

Lehrer der «verrückten Weisheit» sind verrückt. Sie leiden nicht unter dem Wahnsinn, sie haben Spaß daran. Wenn Sie sich einem von dieser Sorte anschließen, dann dürfen Sie sich später nicht beklagen.

Fragen Sie beizeiten und oft nach dem Geld. Wodurch wird die Organisation finanziert und wer profitiert von den Einnahmen? Erwartet man von Ihnen, dass Sie Ihr Bankkonto leeren, Ihren Besitz veräußern oder Blumen auf der Straße verkaufen? Gibt es in den Broschüren der Organisation Vorschläge, wie sich Aktien, Wertpapiere und Grundbesitz spenden lassen? Werden Visa und MasterCard angenommen? Wie in einer Organisation das Geld arbeitet, verrät Ihnen viel darüber, wie der betreffende Lehrer arbeitet – und *ob* er arbeitet.

Fragen Sie nach Sex. Wird sexuelle Verfügbarkeit verlangt, und von wem für wen? Spricht irgendjemand offen darüber, oder ist das ein Tabuthema?

Sprechen Sie mit einem fortgeschrittenen Schüler. Wie viele Jahre praktiziert dieser Schüler bereits die Übungen? Zählen Sie diese Zahl von Jahren zu Ihrem eigenen Alter und fragen Sie sich, ob es das ist, was Sie an jenem Punkt in Ihrem Leben sein wollen.

Wenn der Lehrer ein Mann ist: An welchen Mann, der Ihnen im eigenen Leben körperlich oder emotional fehlt, erinnert er Sie? Ist es eine Frau, an welche Frau, die Ihnen fehlt, erinnert sie Sie? Ist Ihnen das nicht klar, so fragen Sie Ihre Mutter oder Ihren Vater – falls die nicht gerade keine Zeit haben, um sich mit Ihnen zu unterhalten, weil sie doch so viel zu tun haben, oder falls Sie nicht einen von ihnen seit der Scheidung, als Sie noch ein Kind waren, nicht mehr gesehen haben oder falls die Eltern nicht inzwischen gestorben sind. Dazu ein Fingerzeig: männlicher Lehrer = Vaterfigur; weiblicher Lehrer = Mutterfigur.

Fragen Sie den Lehrer, ob er imstande ist, Ihren Zustand dauerhaft und unmittelbar zu verändern. Wenn er ja sagt, bitten Sie augenblicklich und in Anwesenheit von Zeugen darum (gehen Sie an diesem Punkt nicht in die Sexfalle). Wenn er nein sagt, finden Sie heraus, was er für Sie tun kann. Wenn er sagt, dass er nichts tun kann, bleiben Sie dran – dies könnte ein interessanter Mensch sein. Fragen Sie, was Sie für den Lehrer tun können.

Laden Sie den Lehrer zu sich nach Hause zum Tee ein. Diejenigen, die ohne Anhang kommen, sind die interessantesten. Jene, die mit ihrem Anhang kommen, sind die am wenigsten abenteuerlustigen. Jene, die nicht kommen, sind entweder zu wichtig oder zu beschäftigt für Sie – und was sollte Ihnen das bringen? –, oder sie scheuen sich davor, in ein Terrain zu geraten, das sie nicht unter Kontrolle haben. Es mag andere Erklärungen dafür geben, warum sie nicht kommen, und es könnte hilfreich für Sie sein zu hören, was diese Erklärungen sind. Eine Ergänzung zu der Einladung zum Tee wäre, Ihrem Lehrer zu schreiben. Sie können sagen, was Sie wollen. Was Ihr Anliegen ist, spielt keine Rolle, solange Sie aufrichtig sind. Sehen Sie zu, was für eine Antwort Sie erhalten. Wichtige Lehrer werden einen Adlatus haben, der Ihnen antwortet, und sie werden Sie auf ihre Mailingliste setzen. Einige werden Sie ignorieren. Einige werden Ihnen persönlich antworten. Einige wenige werden Ihnen persönlich und aufrichtig antworten.

Wenn der Lehrer alt ist, fragen Sie sich, ob Sie sich aufgrund seiner oder ihrer größeren Lebenserfahrung, die sich mit der Zeit unweigerlich einstellt, zu ihm oder ihr hingezogen fühlen. Wenn Ihr Lehrer jung ist, könnte seine Faszination vielleicht in der jugendlichen und von der Zeit noch unverbrauchten Ausstrahlung liegen? Die Zeit selbst ist ein großartiger Lehrer, auch wenn sie am Ende all ihre Schüler umbringt.

Abhängigkeit von spiritueller Autorität

Warum haben wir ein solch tiefes Bedürfnis nach spiritueller Autorität, nach Führung und Sicherheit in der inneren wie in der äußeren Welt?

Es ist ein seltsames Element in der menschlichen Natur, dass wir uns zur Unterwerfung der inneren Dämonen nach Herrschaft im Außen sehnen.

Es ist gleichermaßen seltsam, dass wir in der Wiederholung von Ritualen nach der spontanen Erfahrung von Liebe suchen. Oder dass wir durch das Verinnerlichen spiritueller

Konzepte und psychologischer Ideologien einen Ausweg aus dem Irrgarten unseres Verstandes suchen.

Es mag ja sein, dass uns ein spiritueller Lehrer den Schlüssel zum Universum in die Hand drücken kann – aber das Universum ist gar nicht verschlossen.

Wir meinen, nicht auf eigenen Füßen stehen zu können. Wir haben das Gefühl, dass uns die persönliche Entschiedenheit fehlt, ohne ein Handbuch leben zu können. Unser Verständnis kommt aus zweiter Hand. Wir sehen jemand anderen als die Autorität für etwas an, das wir selbst bereits bestens kennen – unser eigenes Leben.

Ein Lehrer kann uns erzählen, wie er es geschafft hat. Er kann uns erzählen, wie sein Lehrer es geschafft hat. Er kann uns erzählen, was die Schriften darüber sagen, wie wir es schaffen können. Aber niemand kann uns wirklich sagen, wie wir leben oder wie wir lieben sollen.

Die Suche nach einer Autorität ist eine Suche nach Beruhigung. Es ist eine Vermeidung der dem Leben innewohnenden Herausforderungen. Es ist die Kapitulation der uns eingeborenen eigenen Spiritualität zugunsten einer mechanischen Wiederholung der Erfahrung eines anderen.

Diese Suche nach einer Autorität ist der Kern unserer spirituellen Verwirrung. Durch diese Suche kommen wir zu der Überzeugung, dass es etwas gäbe, welches es zu erlangen gilt, und einen anderen, der uns zeigen wird, wie es zu erlangen ist. Unsere uns innewohnende und spontane spirituelle Neugier wird zu Neid, während wir den Verheißungen übernatürlicher Schätze lauschen, welche den neuen Führer umgeben. Jeder Schritt, den wir mit diesem Lehrer unternehmen, ist ein Schritt näher zur Verwirklichung von Erleuchtung, von Samadhi, Glück, hin zur Verwirklichung unseres persönlichen Erlösers oder wie immer das implizite Versprechen lautet. Auf jeden Schritt muss ein weiterer Schritt folgen. Auf jeden Tag muss ein weiterer Tag folgen. Auf jede

Übung muß eine weitere Übung folgen. Auf jede Spende sollte eine weitere folgen. Wir sind süchtig nach dieser äußeren Autorität.

Vater weiß es am besten

Die weitaus meisten der spirituellen Autoritäten sind Männer. Entweder wissen Männer dieses spirituelle Spiel einfach besser zu spielen, sind sie aggressiver, wenn es um das Erreichen der offenen Positionen geht, schließen sie die Konkurrenz aktiv aus, oder es geschieht hier irgendetwas anderes.

Viele von uns hatten eine problematische oder unvollständige Beziehung zu ihren Vätern. Auch wenn wir uns dessen bewusst sind, wie begrenzt die Stereotypisierung von Geschlechterrollen ist, ist es dennoch häufig so, dass der Vater in unserer Psyche die Rolle einer autoritären Gestalt spielt. Wir suchen überall nach diesem Vater, der uns ein gewisses Maß an Bestätigung geben kann. Von ihm wollen wir erfahren, dass wir sicher sind, dass niemand im Schrank versteckt ist, dass es den Weihnachtsmann wirklich gibt. Der Lehrer ist der Vater.

Vater weiß es am besten. Der Lehrer weiß es am besten. Wir regredieren auf einen infantilen Standpunkt, von wo aus wir bereit sind, einfache Antworten auf unlösbare Probleme zu akzeptieren. Der Weihnachtsmann existiert, weil wir glauben, dass er existiert, aber vor allem, weil Vater doch sagt, dass er existiert.

Hinter dem Schild einer nicht auf die Probe gestellten Tiefe an innerem Wissen, begegnen wir dem Leben und tun so, als löste unser Glaube die Probleme. Wir tun so, als wüsste Vater es am besten.

Mutter, hast du mich wirklich geliebt?

Einige der Lehrer, denen wir begegnen, sind Frauen. Die sind allerdings selten. Das spirituelle Spiel wird seit langem von den Männern beherrscht. Trotz unseres fundierten politischen Wissens und der Political Correctness unseres Denkens und Verhaltens gegenüber Frauen repräsentiert das Weibliche für viele von uns die Liebe der Mutter.

Einige Suchende haben vielleicht das Gefühl, dass sie Mütter hatten, denen es nicht möglich war, ihre Liebe in angemessener Weise zum Ausdruck zu bringen. Vielleicht waren das Mütter, die nichts von natürlicher Geburt hielten und Schmerzmittel benutzten, oder es waren umgekehrt Mütter, die irgendeine alternative Methode des Gebärens anwandten, bei der sie ihr Kind in einer mit warmem Kamillentee gefüllten Wanne zur Welt brachten, während aus Unterwasserlautsprechern meditative Musik ertönte. Vielleicht waren es Mütter, die ihr Kind nicht stillten, oder solche, die aufs Stillen ganz versessen waren, solche, die ihre Kinder zu früh oder zu spät entwöhnten, welche die ersten zarten Ansätze zur Individuation bei ihrem Kind kritisierten oder die das Kind mit unverdienter Bewunderung erdrückten oder die ihrer Leibesfrucht auf andere Weise Gewalt antaten.

Seit den Tagen der Kindheit haben sich einige unter uns nie so recht in der Welt der Emotionen zurechtgefunden. Sie stehen vor der Frage: Bin ich liebenswert oder nicht? Wird die Welt mich ernähren, einfach nur, weil ich existiere, oder muss ich alle möglichen Verrenkungen machen, um zu bekommen, was ich brauche? Und woher kommt bei mir diese tief sitzende Abneigung gegen Kamillentee?

Dann begegnen wir der Lehrerin. Sie ist schön, glückselig und liebevoll. Sie schaut uns mit einem Blick an, der nahe legt, dass die Bewunderung verdient ist, dass es an unserem

Ringen um Individuation rein gar nichts zu kritisieren gibt, dass wir ein Recht darauf haben, von ihr genährt zu werden, und – wichtiger als alles andere – dass wir etwas Besonderes sind, weil wir sie haben. Sie liebt uns mehr als die hundert anderen Menschen, die in der Meditationshalle sitzen und ihren Worten lauschen, diesem Guru.

Jene, die da zuhören, wissen natürlich nichts von unseren tiefsten Phantasien. Jeder Einzelne in diesen Hundertschaften ist ja ständig beschäftigt. Schließlich hat jeder in der Zuhörerschaft seine Mama gefunden.

Vielleicht ist es an der Zeit, einen Schritt zurück zu tun, eine Tasse Kamillentee zu trinken und einen klaren Kopf zu gewinnen.

Was Faust auf die harte Tour lernte

Wenn wir unsere eigene Intelligenz, unseren eigenen Verstand, unseren eigenen direkten Kontakt zum Leben aufgeben, um uns stattdessen die Lehren einer spirituellen Autorität einzuhandeln, dann erwarten wir eine Gegenleistung.

Wir lassen uns auf einen Handel ein, und für unser Geld verlangen wir gute Ware. Wir wollen Sicherheit, Macht, Unsterblichkeit, vielleicht auch nur ein wenig Urlaub von den lästigen Neurosen des eigenen Geistes. Nun, einen solchen Handel können wir zwar eingehen, aber werden wir zuletzt denn wirklich unseren Teil einstreichen können?

Zunächst sieht es ganz danach aus. Wir stellen nicht allzu viele Fragen. Wir folgen dem Programm. Wir lächeln viel. Die neuen Umstände unseres Lebens lassen sich gut an. Wir haben Freunde. Es gibt etwas zu tun. Uns werden beeindruckende Einsichten in die Welten von Geist und Materie beschert.

Wir sind glücklich. Also, vielleicht nicht ganz, aber wir sind am Glück nahe dran. Na ja, ehrlich gesagt, nicht besonders nahe. Es geht so. Das Lächeln beginnt einzufrieren. Unsere Freunde in der Gruppe beginnen sich zu fragen, ob wir auch wirklich mit ganzem Herzen dabei sind. Sie fangen an, uns zu meiden. Wir bemerken die menschlichen Schwächen des Lehrers, die Widersprüche, die Ausflüchte. Wir versuchen das, was wir sehen, zu vergessen, aber das will uns nicht recht gelingen.

Plötzlich sind wir draußen und betrachten die Angelegenheit aus einer Außenperspektive. Wir sind Ungläubige. Wir stellen zu viele Fragen. Und wir sind allein. Wir sind genau dort, wo wir waren, als wir uns auf den Handel einließen. Wir befinden uns, wo wir im Grunde immer schon waren.

Faust hatte das auf die harte Tour zu lernen: Wenn du mit dem Teufel einen Pakt schließt, bekommst du zwar, was du möchtest, aber du bekommst auch, was du nicht möchtest. In der Welt der Geschäfte hat der, der etwas haben will, bereits verloren. Das Verlangen vernebelt uns die Sicht. Der Teufel lacht sich ins Fäustchen. Er hat das alles oft genug gesehen. Es mag schwer sein, in den Himmel zu kommen, doch in der Hölle gibt es immer noch Platz für einen mehr.

Wovor fürchten wir uns?

Wenn unser Glaube an die Autorität erschüttert wird, wird uns angst und bange. Wir sind allein und verunsichert. Wir haben als Schüler versagt. Jetzt steht nichts mehr davor, dass wir auch als Individuen versagen.

Aber wovor fürchten wir uns eigentlich?

Individuen können nicht versagen. Solange wir uns nicht in ein Glaubenssystem einordnen, lassen sich keine

Kriterien für ein Versagen finden. Ein Leben ohne Autorität bringt uns in unmittelbare Verbindung mit den Konsequenzen unseres Lebens, unserer Handlungen, Gedanken und Gefühle. Ohne den Schleier des Glaubens haben wir eine unmittelbare Wahrnehmung der Welt, in der wir existieren.

Jetzt erfahren wir die Wirklichkeit von Zorn, nicht eine Form der moralischen Entrüstung darüber. Wir erfahren die Wirklichkeit von Gewalt, nicht deren theoretische Ächtung. Wir handeln nicht auf der Grundlage eines historisch oder kulturell gewachsenen ethischen Kodexes. Wie handeln aus der tatsächlichen Erfahrung der Beziehung zu unserer Umwelt heraus.

Wir handeln nicht aus Liebe, weil Jesus uns dies gelehrt hat, sondern weil wir die Wahrheit der Liebe für uns selbst entdeckt haben. Wir handeln nicht aus Mitgefühl, weil der Buddha gesagt hat, wir sollten das so tun, sondern weil in uns eine tiefe Erfahrung des Leidens, das dem menschlichen Leben eigen ist, aufwallt.

Wir stehen allein auf dem weiten Feld unserer Gedanken; wir sind verantwortlich für unser Tun. Wir sind von niemandem geführt und geben niemandem die Schuld. Wir sind nicht von einer Religion geführt, wir leben Religion. Wir selbst sind zum Propheten, zum Heiligen, zum Seher geworden. In dem Augenblick, wo wir alle Autorität loslassen, alle Konditionierungen, alle Projektionen der Erinnerung, sowohl innere als auch äußere, sind wir ein leeres Gefäß, das spontan vom Leben selbst gefüllt wird.

Wenn der Teufel kommt, um einen Handel mit uns abzuschließen, kann er uns nirgends finden. Er sucht und sucht, doch alles, was er findet, ist das Leben selbst – vital, blühend, liebend. Dunkle Flüche murmelnd, trollt er sich von dannen, zurück in sein Reich. Er macht seiner Enttäuschung Luft, indem er sich mit neuem Eifer in seine Arbeit vertieft. Nur ein geringer Teil seiner Arbeit besteht darin, jene auszubilden, die spirituelle Lehrer werden wollen. Es ist ein kleiner Teil seiner Arbeit, aber einer, der ihm eine Menge Spaß macht.

Die Verantwortung des Individuums

Ohne einen Verhaltenskodex, ohne ein Glaubenssystem oder eine moralische Lehre, der wir folgen können, gibt es nichts mehr, das uns einschränken würde. Wir besitzen absolute Freiheit und damit sehr viel Macht. Wir handeln als Individuen, als Ausdruck des Lebens selbst.

Dies ist die Beschreibung eines Mystikers. Es ist auch die Beschreibung eines Irren, eines Soziopathen, eines Größenwahnsinnigen. Wie können wir wissen, dass wir nicht dem Wahnsinn im Kostüm des Verstehens erlegen sind?

Der Verrückte lebt in einem Universum, das er sich selber erschuf. Er ist abgetrennt vom Leben, steht nicht in Verbindung mit seiner Umwelt. Wenn er für das Ganze offen wäre, könnte er sein wahnhaftes Universum nicht aufrechterhalten.

Wir können die Wirklichkeit unseres eigenen Zustandes nur in Kommunikation mit der Welt um uns herum erkennen, in der Offenheit, in der wir uns von allem berühren lassen. Darin liegt eine enorme Verantwortung, doch die Dinge ereignen sich ohne Anstrengung.

Wände aufrechtzuerhalten, die uns vom Leben abtrennen, das braucht Anstrengung. Barrieren zu errichten verlangt Energie. Offenheit ist Entspannung, Loslassen und Aufgeben. Die Botschaft des Lebens, sie wird uns in diesem Zustand der Offenheit klar und deutlich erreichen.

Wirklichkeitsmeditation

Wir alle sind Meditationsmeister

Wir haben alle möglichen Meditationstechniken ausprobiert. Wir sind immer noch voller Konflikte, sind neurotisch und unerfüllt.

Erschöpft von unseren Bemühungen und enttäuscht, setzen wir uns hin. Wir werfen die ganze Idee des Meditierens über Bord. Wir geben es auf.

Und schon sind wir da. Endlich sind wir da angelangt, wo wir sind.

Wo wir sind, ist Meditation, wo immer wir auch sind.

Es gibt keinen Eingang und keinen Ausgang. Es gibt kein Tun und kein Nichttun.

Es gibt keine Technik, kein Resultat, keine Power, keine Erfahrung.

Die Meditation dessen, wo wir sind, ist nicht einmal spirituell. Sie ist das Leben selbst, das in seinem eigenen Tempo voranschreitet, flüssig, still, schön, in sich stimmig.

Wo wir sind, da gibt es keinen Meditierenden, nur die Meditation. Da gibt es keinen Denkenden, nur das Denken. Da gibt es keinen Handelnden, nur das Tun. Da gibt es keinen Liebenden, nur die Liebe.

Um dort zu sein, wo wir sind, brauchen wir keine besondere Zeit und keinen besonderen Ort. Wir müssen uns nicht zurückziehen, uns isolieren, um zu sein, wo wir sind. Wir brauchen überhaupt nichts. Wir brauchen Nichts.

Nichts ist das, was nötig ist, damit wir sind, wo wir sind.

Wir alle sind Meditationsmeister. Das ist unser Geburtsrecht.

Die meisten von uns bemerken das nicht. Das ist unser Fluch.

Erkennen Sie es.

Entspannen Sie sich.

Erkennen Sie, wo Sie sind.

Was ist denn nun eigentlich Wirklichkeit?

Was ist diese Wirklichkeit, auf die wir unversehens gestoßen sind, nicht so sehr wegen unserer Bemühungen, sondern trotz unserer Bemühungen?

Es ist uns nicht gelungen, die Wirklichkeit mit unserem wohlgeschulten Verstand zu entdecken. Wir haben immer nur unseren Verstand gefunden, der unseren Verstand interpretiert, der unseren Verstand interpretiert ... ad infinitum. Es ist uns nicht gelungen, die Wirklichkeit durch unsere große Sammlung von spirituellen Praktiken zu entdecken. Wir haben nur Verhaltensmuster und Glaubenssätze gefunden. Wir haben einfach an den falschen Orten nach der Wirklichkeit gesucht.

Nun sind wir darüber gestolpert, hier, eben jetzt.

Ist die Wirklichkeit derart einfach und so leicht zugänglich? Wenn wir aufhören, es zu versuchen, aufhören, zu machen, aufhören, unsere Erfahrungen zu drängen und herumzustoßen, indem wir versuchen, ihnen eine bestimmte Richtung zu geben – entfaltet sich die Wirklichkeit dann vor unseren Augen in einem einfachen Akt des Seins?

Wirklichkeit. Noch ein Wort mehr. Nehmen wir dieses Wort jetzt einmal weg. Was bleibt?

Wirklichkeit ist das, was bleibt, die nackte, grundlegende, nicht erklärte Qualität, deren wir ganz spontan gewahr sind, wenn der Erklärende, das «Ich», still ist. Wirklichkeit ist Denken ohne die Identifizierung eines Denkenden. Sie ist

Freude und Schmerz, so wie die Gefühle auftreten, ohne die Verzerrung unseres verzweifelten Bemühens darum, das eine zu finden und das andere zu meiden.

Doch selbst die Verzweiflung, die Verzerrung, die Vermeidung sind Wirklichkeit, denn sie sind Teil unserer Welt, und auch sie können nur verstanden werden, wenn wir sie ohne Kommentar und Verbegrifflichung ansehen. Zur Wirklichkeit gehört auch die begriffliche Welt, deren Auswirkung die Verzerrung ist, genauso wie die Stille dazugehört, die das klärt, was verzerrt ist.

Wirklichkeit ist nicht einfach nur das Phänomen, das auftritt, sondern sie ist die Natur des Beobachters dieses Phänomens selbst. In Wirklichkeit gibt es keinen Beobachter. In Wirklichkeit gibt es nur das Phänomen.

Wenn Sie die Wirklichkeit finden wollen, versuchen Sie das Selbst zu finden, jenes «Ich», das kommentiert und interpretiert. Natürlich lässt sich dieses «Ich» nicht finden, denn das «Ich» existiert nicht – in Wirklichkeit.

In dem Staunen darüber, dass wir dieses «Ich» nicht finden können, stoßen wir vielleicht unverhofft auf die Wirklichkeit.

Zeit – was verhindert, dass alles auf einmal passiert

> *Die Ewigkeit ist ein schrecklicher Gedanke. Ich meine, wo soll das alles bloß enden?*
> Tom Stoppard:
> Rosenkranz und Güldenstern

Ein großer Kontext, in dem wir alle leben, ist die Zeit. Die Zeit ist es, die uns ein Gefühl von Vergangenheit und Zukunft gibt und die uns dauernd aus der zeitlosen Gegenwart vorwärts drängt. Es ist die Zeit, die uns über unsere Geschichte nachdenken lässt und die uns dazu bringt, unsere Zukunft auf der Grundlage dieser Geschichte zu projizieren.

Wenn wir die Wirklichkeit unseres Lebens entdecken wollen, kommen wir nicht darum herum, die Natur der Zeit verstehen zu lernen. Wir halten Zeit oft für etwas Gegebenes; diese Voraussetzung einer Tatsache wird noch bestärkt durch die zyklischen Bewegungen in der Natur, durch die historischen Querbezüge aus unserer eigenen Erinnerung zu den Erinnerungen anderer und durch die Möglichkeit, dass wir aufgrund des Konzepts der Zeit recht zutreffende Vorhersagen treffen können.

Doch existiert Zeit wirklich außerhalb des Gewebes unserer Konzepte? Lassen Sie uns diese Frage untersuchen, so als wüssten wir noch nicht, wie die Antwort darauf lautet. Lassen Sie uns die Angelegenheit vom zeitlosen Standpunkt des Augenblicks aus betrachten und nicht vom zeitgebundenen Standpunkt des Denkens. Vielleicht lässt sich die Wirklichkeit der Zeit dann begreifen.

In der zeitlosen Sicht des Augenblicks sieht die Zeit aus wie Denken: der Gedanke von «jetzt», der Gedanke von «damals», der Gedanke von «wird sein». Diese Gedanken erheben sich und verschwinden wieder in der ewigen Gegenwart. In dieser Gegenwart lässt sich nichts von der Vergangenheit oder der Zukunft finden, außer den Gedanken an die Vergangenheit oder den Gedanken an die Zukunft.

EXPERIMENT: Schauen Sie auf die Uhr und notieren Sie, wie spät es ist. Dann sitzen Sie mit geschlossenen Augen da, sodass Sie auf Ihre gedankliche Welt achten können. Sehen Sie, ob Sie Vergangenheit oder Zukunft finden können. Sehen Sie, ob Sie Gedanken an die Vergangenheit oder Gedanken an die Zukunft finden können. Können Sie irgendeinen Gedanken finden, der länger dauert als der gegenwärtige Augen-

blick? Wenn Sie zu nervös werden, um aufmerksam weitermachen zu können, hören Sie damit auf, und notieren Sie die Zeit, welche die Uhr anzeigt.

Zeit ist vergangen, ohne Zweifel. Haben Sie beobachtet, wie sie vergangen ist, während Sie auf Ihr Denken achteten? Oder schließen Sie aus der Anzeige der Uhr auf das Vergehen der Zeit?

Wenn wir wirklich aufmerksam auf unsere Gedanken, Gefühle und Empfindungen achten – auf unsere Fenster zur Welt –, dann scheint uns das aus der Zeit herauszunehmen. Und doch legen uns die Bewegung der Uhrzeiger, das Aufgehen und Untergehen der Sonne und der Alterungsprozess unseres Körpers nahe, dass da eine fortschreitende Bewegung, eine Reihe von Veränderungen abläuft.

Das Denken hat auch das vermerkt. Seine Funktion ist es, die Bewegungen der Welt um uns herum vorherzusagen und uns zu schützen, sowie jene zu schützen, die wir als die Unseren betrachten. Im Kampf ums Überleben ist das ein entscheidender Vorteil, und wir haben nicht nur überlebt, sondern wir haben auch gleich alles, was sich uns in den Weg stellte, bezwungen und zerstört – mit Hilfe des Denkens.

Das Denken, das die Fähigkeit des menschlichen Systems zu Erinnerung und Vorhersage ist, hat die Zeit nicht erfunden. Noch hat es die Zeit nur beobachtet wie etwa beim Verlauf der natürlichen Zyklen in der Natur. Das Denken – die Erinnerung der Vergangenheit und die Vorhersage der Zukunft – *ist* die Zeit.

Würde das Denken die sich verändernde Welt nicht zu der Abfolge organisieren, die wir als Zeit betrachten, dann passierte alles auf einmal. Ohne die Zeit gäbe es für alles und jedes, was geschieht, nur den gegenwärtigen Augenblick.

Vom Standpunkt der Zeitlosigkeit aus gesehen scheint dies einfach der Stand der Dinge zu sein. Doch vom Standpunkt der Zeit aus gesehen sieht Zeitlosigkeit aus wie eine Art von Geisteskrankheit – oder vielleicht wie Erleuchtung, je nach kulturellem Kontext. Die Zeit kann sich der Zeitlosigkeit nur annähern, indem sie sich mit einer überaus theoretischen Mathematik, Physik, existenziellen Philosophie oder einer mystisch-religiösen Mythologie dagegen abschottet.

Die Einzigen, die in unserer Kultur ausgiebig über Zeitlosigkeit sprechen dürfen, sind die Priester der Zeit: Science-Fiction-Autoren, eine Hand voll berühmter Physiker, einige wenige gut vermarktete Pop-New-Age-Schriftsteller, die verwurstete östliche Philosophie verkaufen. Wir lassen sie darüber reden, weil es das ist, was man von ihnen erwartet. Und wir hören ihnen zu, voller Ehrfurcht und Verwirrung, weil es das ist, was man von uns erwartet.

Wir aber haben bitte schön nicht über Zeitlosigkeit zu reden – oder wir landen für eine dreitägige Beobachtungszeit in der Klapsmühle. Normale Menschen besprechen solche Dinge nicht in anständiger Gesellschaft, und bestimmt nicht bei der Arbeit oder gar vor den Kindern. Denn schließlich, das ist ja wohl offensichtlich, existiert die Zeit. Sie lässt uns wissen, wann wir zur Arbeit gehen müssen, an welchem Tag des Monats die Rechnungen zu bezahlen sind und in welchem Jahr wir in Rente gehen können. Die Zeit verleiht der Bewegung unseres Lebens eine Ordnung.

Tut sie das wirklich?

Wir müssen uns mit der Zeit auseinander setzen, wenn wir daran interessiert sind, unser Leben zu verstehen. Wir müssen sie erforschen, erfahren, ja sogar darüber reden. Und selbst in unserem randvollen Leben müssen wir … die Zeit dafür finden.

Innere Zeit

Zeit ist ein erstaunliches Geschehnis, etwas, das es in der Evolution des Lebens auf diesem Planeten bisher noch nicht gegeben hat. Das Entstehen von Denken/Zeit war zugleich unsere Rettung und unser Untergang. Mit dem Kosten dieser besonderen Frucht sind wir aus dem Garten der vorbegrifflichen Zeitlosigkeit herausgetreten. Mit diesem Sündenfall begann die unglaubliche technologische Beziehung zur natürlichen Welt, wie sie heute noch andauert.

Während wir immer raffiniertere Manipulationen der natürlichen Welt durch Zeit/Denken entwickelten, durch Naturwissenschaft, Mathematik, Sprache, Politik und die Wissenschaften des Krieges, haben wir, ehe wir uns versahen, die zeitlose Qualität der natürlichen Welt vergessen. Unser Gefühl für Zeit mit seiner Verwurzelung in den beobachteten Zyklen der Welt breitete sich so weit aus, dass es auch die innere Zeit einschloss.

Technologie basiert auf konkreter Zeit, auf der Erinnerung und Vorhersage natürlicher Phänomene. Konkrete Zeit hat insofern eine objektive Wirklichkeit, als sie sich auf natürliche Gegebenheiten wie das Aufgehen der Sonne oder den Zerfall radioaktiven Materials bezieht. Innere Zeit stützt sich allein auf die Empfindung von Trennung, Identität und Ichheit. Innere Zeit nimmt nur Bezug auf subjektive Wirklichkeit, und ihre Kernrealität ist unsere Empfindung eines «Ich». So wie das Entstehen des Denkens die konkrete Zeit erzeugte, erzeugte das Entstehen der Ichempfindung, der Trennung von «Ich» und «Du» als einzelne und getrennte Dinge, die innere Zeit.

Irgendwann in unserer menschlichen Geschichte wurde das Kollektive individuell. Die Individuation des Denkens und der Beginn der Vorstellung von einem «Ich» brachten die innere Zeit hervor. Dieser begriffliche Abweg bescherte uns die entfremdete Welt, in der wir heute leben. Innere Zeit ist eine Abspaltung von der natürlichen Welt. Es gibt sie nur in einer begrifflichen Welt. Das Entstehen der inneren Zeit machte aus unserer technologischen Beziehung zur natürlichen Welt eine Verirrung. Aus Sammlern und Jägern wurden wir zu Raffern und Zerstörern.

Heute wird die Zeit nicht allein nach den Maßeinheiten der Uhr oder den Jahreszeiten eingeteilt. Sie wird auch durch das Verlangen nach Erfolg oder Versagen eingeteilt, nach jugendlicher Angst, Midlife-Crisis und der Einsamkeit des Alters. Wir werden eingeteilt in die Nachkriegsgeneration, die Achtundsechziger, die Hippies oder irgendeine andere Alptraumschöpfung der Demographie. Die Marktschreier des Konsumerismus stacheln uns an, irgendwohin zu gehen, uns irgendetwas zu holen, irgendetwas zu tun: Ruf an! Versäume diese Gelegenheit nicht! Begrenztes Angebot! Wir stehen unter ständigem Zeitdruck, irgendwohin zu gehen, irgend etwas zu tun, irgendjemand zu werden. Wir werden dazu angehalten, bloß keine Zeit zu verschwenden, denn Zeit ist Geld.

Wir haben diese überkommene Auffassung von Zeit akzeptiert, und damit eine Perspektive, die uns wissen lässt, dass wir abgetrennte Wesen sind, denen eine begrenzte Menge an Zeit zur Verfügung steht, in der sich die Frage von Erfolg oder Misserfolg in Relation zu Erfolg oder Misserfolg anderer entscheiden muss.

In unserem inneren Zeitrahmen gibt es Situationen, in denen es «zu viel Zeit» gibt, etwa dann, wenn wir uns langweilen, wenn wir unglücklich oder einsam sind, wenn wir auf etwas warten oder Schmerzen haben. Es gibt Situationen, in denen es «zu wenig Zeit» gibt, etwa wenn wir interessante, anregende Erfahrungen machen, wenn wir glücklich sind und Freude erfahren oder wenn wir das drängende Gefühl haben, noch viele Dinge erledigen zu müssen.

Unter dem Einfluss von konkreter Zeit als Denken versuchen wir körperlichen Schmerz zu vermeiden und unser körperliches Überleben sicherzustellen. Doch getrieben von der inneren Zeit/Denken, versuchen wir vorgestelltes Leid zu meiden und vorgestellte Freude zu finden.

Innere Zeit ist die Beziehung von Sympathie und Antipathie gewissen Erfahrungen gegenüber. Wir wollen mehr mentale Freude und weniger mentales Leid, und so gibt es nie genug Freude (Zeit), und das Leiden (Zeit) ist immer zu viel. In einem grundlegenden Kontinuum von Unbehagen verschmilzt die innere Zeit Freude und Leid und verdunkelt damit die Wirklichkeit des Augenblicks. Innere Zeit treibt uns dazu, unsere inneren Erfahrungen zwanghaft einzuordnen, um Kontrolle über unser Leben zu erlangen. Wir versuchen sicherzustellen, dass das begriffliche Zentrum, das «Ich», kein inneres Leid erfährt. Dieses Unterfangen ist müßig, ganz einfach, weil die Wirklichkeit des Lebens sich unserer Kontrolle entzieht, sosehr wir uns auch bemühen, sie in den Griff zu bekommen. Ja, im Grunde wird das innere Leiden insgesamt durch unser Streben nach Vermeidung von innerem Leiden erzeugt.

Unsere Suche nach dem Ende des Leidens ist müßig, weil die Quelle des Leidens das ist, was sucht. Die Aufteilung in «Ich» und «Du», die Isolation der Trennung selbst, ist in sich leidvoll. Das «Ich» setzt alle Hebel in Bewegung, produziert einen Gedanken nach dem anderen und versucht immer hektischer, das Ende des inneren Leidens zu finden. Wir versuchen es mit Therapien, mit Drogen, mit Religion, Spiritualität, Meditation – aber nichts scheint zu funktionieren.

Es *kann* nicht funktionieren, denn der Agierende, derjenige, der nach Besserung sucht, ist das Problem. Das «Ich» ist das Leid. Es kann nur zum Ende des Leidens kommen, wenn das «Ich», die Trennung und Isolation, ein Ende findet.

Inneres Leiden kann nur aufhören, wenn der Widerstand gegen die Bewegung des Lebens aufhört. Dann kann die nackte Wirklichkeit auftauchen, befreit von dem müßigen Einordnen innerer Erfahrungen in Gut oder Schlecht, Schmerzlich oder Freudig, Angenehm oder Unangenehm.

Bis das geschieht, rennen wir weiter wie Ratten im Laufrad unseres Käfigs, auf der Flucht vor ihnen und gleich wieder hin zu den Kreationen unseres Denkens – innerer Zeit. Ganz gleich, was wir unternehmen, wie viel Kraft und Energie wir darauf verwenden, stets landen wir wieder am selben Punkt. Wir finden Lust. Sie verwandelt sich in Unbehagen. Wir laufen vor dem Unbehagen weg hin zu einer neuen Lust. Auch diese Lust verwandelt sich wieder in Unbehagen. Bald wird bereits der Gedanke, die Lust verlieren zu können, zu einem Leiden. Wir rennen schneller. Wir haben nicht viel Zeit.

Sehen wir denn nicht das Muster, den endlosen Kreislauf des inneren Denkens und der Zeit? Können wir vielleicht absolut still stehen auf dem Rad und dieses Kreiseln anhalten? Kann die innere Zeit, das endlose Werden, das, was uns hintreibt zur Lust, welche zu Leiden wird, zu einem Stillstand kommen?

Diese Stille entbehrt nicht der endlosen neurotischen Gedanken. Sie lässt sich davon bloß nicht bewegen. Dies ist eine einfache, aber zutiefst radikale Beziehung zu den Gedanken, Gefühlen und Empfindungen, die gewöhnlich unser Handeln bestimmen.

Wir versuchen nicht, irgendetwas loszuwerden. Wir versuchen nicht, einen Zustand der Leere zu erzeugen. Die Stille, zu der wir gelangt sind, ist ein Zustand des Nichtreagierens. Ihr liegt nichts daran, das zu bewerten, was im Feld unseres Gewahrseins auftaucht.

Jetzt *sind* wir einfach. Die Welt des Denkens, die Welt der Realität ist in Bewegung. Die Welt der konkreten Zeit, der Organisation des Wandels durch das Denken, ist immer noch in Bewegung. Aber *wir* sind nicht in Bewegung, denn sowie wir die Stille entdecken, finden wir auch ans Ende der inneren Zeit.

Dieser Ruhepunkt wohnt in jedem von uns, und er ist in jedem Augenblick zugänglich, ohne Vermittlung oder Hilfe. Er stellt sich spontan ein, wenn wir den sich wiederholenden Zyklus von Verlangen und Abneigung, wie er durch die Illusion der inneren Zeit erzeugt wird, durchschauen, wenn wir wissen, dass wir oft genug durch das Rad gerannt sind.

Dieser Augenblick des Erkennens ist eine Pforte zur Wirklichkeit. Wir haben sie bereits durchschritten.

Was jetzt geschieht, ist unser erster unmittelbarer Kontakt mit der nackten Wirklichkeit unseres Lebens, wir entdecken, was es heißt, ein menschliches Wesen zu sein.

Weitere ziemlich schwer verdauliche Betrachtungen über die Natur des Geistes und der Realität

Die Natur des Denkens ist so beschaffen, dass sie einen Denker erzeugt. Das ist ein sehr seltsames Phänomen, aber es ist der eigentliche Kern unseres persönlichen Konflikts und der fragmentierten gesellschaftlichen Strukturen, wie sie unserer existenziellen Verwirrung entwachsen sind.

Es ist nicht der Denker, der das Denken erzeugt. Das Denken erschafft den Denker. Jeder Gedanke oder jedes Gefühl, das uns kommt, trägt die Vorstellung von einem Ich mit sich, von einem zentralen, integrierten Etwas, das die Gedanken und Gefühle erzeugt. Aber ist dieses Zentrum wirklich? Gibt es ein Selbst, ein «Ich»? Und wenn ja, wo ist es zu finden?

Rasch sind wir mit der Antwort bei der Hand, dieses «Ich» sei unser Körper, unser Gehirn, unser Geist oder unsere Seele. Aber lassen Sie uns diese Frage sorgsam und bedächtig untersuchen, bevor wir eine Antwort geben.

EXPERIMENT: Setzen Sie sich bequem hin, wie immer Sie mögen. Lenken Sie Ihre Aufmerksamkeit auf Ihre Gedanken, auf Ihre Vorstellungen, Emotionen, Empfindungen und so weiter. Achten Sie genau auf den Punkt des Auftretens, das heißt, wo der Gedanke beginnt, und auch auf den Punkt des Zerfalls, wo der Gedanke endet. Wo kommt ein Gedanke her und wo geht er hin? Gibt es etwas, das einen Gedanken stimuliert, erzeugt oder konstruiert? Gibt es etwas, das einen Gedanken direkt mit dem nächsten verbindet (ausgenommen ein neuer Gedanke, dessen Inhalt die Vorstellung einer Verbindung ist)?

EXPERIMENT: Setzen Sie sich bequem hin, wie immer Sie mögen. Lenken Sie Ihre Aufmerksamkeit auf Ihre Gedanken. Können Sie beobachten, was es ist, das Ihnen das Gefühl gibt, Besitzer der Gedanken zu sein, die auftreten? Was macht einen Gedanken, ein Gefühl oder eine Empfindung zu «mir»? Ist diese Empfindung von «Ichhaftigkeit» eine Gedankenform, ein Aspekt jedes Gedankens bei seinem Auftauchen, oder noch etwas anderes?

Was, wenn Ihre Existenz einfach das Auftauchen von Gedanken in einem Feld von Gewahrseins wäre? Es ist die Natur des Denkens, die Welt zu unterteilen, und diese Aufteilung erzeugt zumindest die Erscheinung einer Subjekt-(«Ich»)Objekt-(«Du»)Welt. In der Betrachtung seiner selbst spaltet das Denken sich wiederum in Subjekt und Objekt, Denker und Denken.

Auf diese Weise denkt das Denken.

Das ist das ihm innewohnende Wesen.

Das Denken kann in einer anderen Struktur nicht denken.

Was nun, wenn die Idee jenes Kerndingsbums, welches das Denken ausführt, nur – ein weiterer Gedanke wäre? Sieht das Leben aus dieser Perspektive ein wenig anders aus?

Aus der Perspektive der Quantenphysik sieht es ein wenig anders aus, denn diese erzählt uns, dass es müßig sei, den genauen Ort von etwas auffinden zu wollen, geschweige denn den Ort dieses flüchtigen «Ich». In der Welt der Quantenphysik ist die Bestimmung eines Ortes sowieso ein wenig suspekt, denn Partikel, die einmal in Wechselwirkung gestanden haben, werden einander immer beeinflussen, ganz gleich, wie weit sie voneinander entfernt sind. Sie sind im Grunde untrennbar, auch wenn sie räumlich voneinander getrennt sind, und was sie verbindet, ist offenbar schneller, als das uns bekannte physikalische Universum es zulassen sollte. Alles scheint auf eine Verbindung hinzuweisen, die jenseits von Zeit und Raum ist, eine Verbindung, die nahe legt, dass das, was uns als zwei getrennte Dinge erscheint, eigentlich etwas ist, das sich nicht in zwei teilen lässt.

Die Physiker, die Zauberer unserer Tage, haben gefunden, dass der Akt der Messung selbst, die Tatsache, dass wir den Ort eines Partikels bestimmen, dieses Partikel verändert. Sie verweisen auf ein Universum, welches nicht aus Partikeln mit getrennten Lokalisierungspunkten besteht, die aufeinander einwirken, sondern aus einer Art kosmischer Suppe, in der die Partikel energetisch unteilbar sind und ihr Ort und ihr Verhalten nur als Wahrscheinlichkeit existieren.

Angesichts des augenscheinlichen Chaos des physischen Universums und der Schwierigkeit, herauszufinden, wo etwas ist, oder dieses Etwas auch nur von etwas anderem zu unterscheiden, ist es eigentlich kein Wunder, dass wir uns selbst erfunden haben und seitdem so hartnäckig an der Vorstellung von einem «Ich» festhalten. Ansonsten kämen wir niemals rechtzeitig ins Büro oder bekämen irgendetwas geregelt.

Aus dieser nichtindividualisierten Suppe und aus der präintellektuellen Wirklichkeit der natürlichen Welt heraus müssen wir irgendwann in der Morgenröte des Zeitalters des Menschen ichbewusst geworden sein.

Dies war kein Moment der Entdeckung, sondern ein Moment der Erfindung.

Das Denken strukturierte die Suppe in Teile. Das Denken erfand den Denker, und da Denker irgendwo sein müssen, wurde der Körper zum Ort erklärt, in dem der Denker sich aufhält.

Der Körper ist nicht der Geist, der Geist ist nicht der Körper – behauptete das Denken.

Und da das Denken nicht in ungeteilten Begriffen denken konnte, dachte es in Begriffen des Körper-Geist-Gegensatzes. Indem dieses Konzept sich im Laufe der Geschichte entwickelte – durch die Ansammlung und Ausschmückung des Denkens, welches Wandel als Zeit organisiert –, entwickelten wir Paradigmen, die diese aufgespaltene Sichtweise zum Ausdruck bringen.

Die Medizin behandelte schließlich Symptome, Krankheiten, Verletzungen und «geistige» Krankheiten. Diese fand man entweder im Körper oder im Geist. Nur ganz am Rande hielt sich noch die Vorstellung, dass es keinen getrennten Körper gibt, abgetrennt vom Geist, von der Familie, von der Gesellschaft, von der natürlichen Welt.

Die Erfindung des Körpers ermöglichte die Entwicklung komplexer theologischer, philosophischer und religiöser Praktiken. Wir lebten nicht länger das Leben, sondern fanden uns eingekapselt in einen Körper, auf der Suche nach einem Weg zurück ins Paradies. Wir mussten unsere Triebe und Lüste überwinden und Askese üben. Mit der Erfindung des Körpers schufen wir viel mehr als nur ein Haus für den Denker, denn damit einhergehend erfanden wir auch den Geist oder die Seele. Man kann keinen Körper haben, ohne auch einen Nicht-Körper zu haben, das Gegenteil, den ätherischen Aspekt dessen, was einmal ein Ganzes war.

Mit der Erschaffung von Körper und Geist war der Dualismus erst recht geboren. Zuvor hatten wir eine instinktive Beziehung zur natürlichen Welt und damit jene Gelüste und Reaktionen, die das Leben in alles Lebendige einbringt. Hatten wir erst einmal eine duale Welt – eine Welt des «Ich» und des «Du», des Körpers und des Verstandes, des Körpers und des transzendenten Geistes, des Geistes und des Verstandes –, hatten wir eine sich schnell weiter aufteilende Zygote, die schließlich als die komplexe Welt geboren wurde, in der wir heute existieren.

Diese Realität, diese gedankliche Welt, ist eine Welt ohne jeden Kontakt mit irgendetwas Wirklichem, nur zu Symbolischem. Wir bringen diese Welt mit unserem Denken hervor, und wir kontaktieren sie in unseren Gedanken. Wir haben vergessen, dass es noch etwas anderes gibt. Wir haben es individuell vergessen, und wir haben es als Kultur vergessen.

Doch dass wir diese begriffliche Welt geerbt und dass wir vergessen haben, dass jemals etwas anderes existierte, heißt noch lange nicht, dass es daneben nichts anderes gäbe.

Das, was nicht diese begriffliche Welt ist, nicht dieser lebhafte Traum aus dem Stoff unseres Denkens, ist immer noch da, wartend, ruhig und still.

Weil diese Stille nicht vom Denken zu fassen ist, ist sie nicht gespalten. Weil sie nicht gespalten ist, schließt sie das Denken ein. Sie ist nicht Denken, aber sie enthält das Denken.

Darüber sollten wir vielleicht ein Weilchen nachdenken.

EXPERIMENT: Benutzen Sie Ihre Denkfunktion, um folgende Aussagen zu analysieren. Achten Sie sorgfältig auf die Bewusstseins- und Gefühlszustände, die auftreten, während Sie sich mit diesen Koan-artigen Sätzen herumschlagen. Die Sätze wurden aus den Aussagen klassischer Mystiker extrahiert:
Die Stille enthält das Denken, ist aber kein Denken.
Das, was sucht, ist das, was es sucht.
Der Denker ist das Denken.
Wenn du die Antwort findest, ist es nicht die Antwort.
Hat Ihr Verstand die Tendenz, der Kontemplation oder dem Nachdenken über diese Aussagen auszuweichen? Was geschieht mit dem Denken, wenn es sich mit einem Paradox, Widerspruch oder mit nichtlinearen Erwägungen konfrontiert sieht? Wenn Ihr Verstand sich mit diesen Aussagen auseinander zu setzen vermag, was geschieht dann in dem Raum um das Denken herum, während Ihr Geist beschäftigt ist?

Die Begrenztheit des Denkens anzuerkennen, seine aufgespaltene Natur und jene des verwickelten begrifflichen Gewebes unserer alltäglichen Realität, ist selbst ein Koan.

Was ist die Stille, die all diese Gedankentätigkeit enthält, aber nicht diese ist?

Diese Frage wird nicht gestellt, um selbst wieder durch eine weitere Vorstellung beantwortet zu werden.

Die Frage ist der Ton des Denkens eines Gedankens – ohne einen Denker.

Der Ton des Denkens eines Gedankens ist die Wirklichkeit.

Der Ton des Denkens eines Gedankens ist Meditation.

Dies ist Wirklichkeitsmeditation. Wir denken, ohne dem Glauben an einen Denker aufzusitzen. Wir fühlen, ohne an ein «Ich» zu glauben, welches dieses Fühlen leistete. Wir handeln ohne die Indoktrination eines Handelnden. Wir leben im vollen Kontakt mit der nackten Wirklichkeit des Lebens. Wir leben ohne die unbewusste Voraussetzung eines getrennten Ich, das in unserem Körper wohnt, unseren Verstand belebt und nach unserem transzendenten Geist sucht.

Über die Erleuchtung hinaus und mitten ins Leben!

Der Gedanke der Erleuchtung ist eine der größten Bürden und eines der schlimmsten Hindernisse in unserem spirituellen Leben.

Wie sich herausstellt, ist es unmöglich, sie zu erlangen. Wir können nicht dorthin gelangen.

Nichts gelangt je in diesen Himmel der Verwirklichung, indem es durch das Nadelöhr der Erleuchtung geht – Reiche, Arme, Kamele, in der Hinsicht sind sich alle gleich.

Erleuchtung verlangt ein vollständiges Auslöschen des Ich. Bloß ist dies dasselbe Ich, das doch versucht, Erleuchtung zu erlangen. Das ist *ipso facto* ein großes Problem.

Es gibt verschiedene Weisen, damit umzugehen.

Wir können es aufgeben und uns auf die Gnade verlassen – ein Geschäft auf gut Glück, bei dem wir nur hoffen können, dass es aufgeht. Aber wir können nie so recht sicher sein.

Wir können unsere Zeit auf dem Kissen in die Waagschale werfen, wir können meditieren, «üben», wie das Leben für einen erleuchteten Geist aussehen sollte, und uns einen Zeitrahmen von, sagen wir, einhunderttausend Leben zugestehen, um es richtig hinzukriegen. Das ist eine gehörige Investition an Zeit, und wer könnte es sich beim vorherrschenden hektischen Lebensstil schon leisten, einhundert Leben abzuzweigen, geschweige denn einhunderttausend?

Wir können uns auch bei einem charismatischen Lehrer einschreiben, der uns diese Erleuchtung angeblich durch seine oder ihre Präsenz vermitteln wird, durch eine Berührung, einen Blick oder dadurch – ja, so etwas gibt es tatsächlich –, dass wir das gebrauchte Badewasser des Gurus trinken.

Mal angenommen, wir überlassen das Badewasser dem Rest der Anhänger – hat solch magisches Denken denn überhaupt Platz in unserer postmodernen Welt? Man könnte am Rande noch erwähnen, dass charismatische Lehrer Ihnen gewöhnlich all Ihr Geld abknöpfen, weil Sie es sowieso nicht mehr brauchen, da Sie ja erleuchtet sein werden; allerdings scheinen diese Lehrer es zu brauchen, obwohl sie ja angeblich erleuchtet sind.

Klingt das vernünftig? Braucht es nicht. Schließlich ist Erleuchtung ja etwas, das jenseits der Vernunft liegt, nicht wahr?

Wir können in der Tat so gut wie möglich den Erleuchteten spielen und andeuten, dass wir tatsächlich erleuchtet sind, aber zu bescheiden und demütig sind, uns dazu zu bekennen. Das setzt allerdings voraus, dass wir in angespannten Situationen total cool bleiben können, dass wir uns eine wallende pastellfarbene Garderobe ohne Ketchupflecken zulegen und zudem clever genug sind, nur tiefgründige oder zumindest rätselhafte Äußerungen von uns zu geben. Das ist allerdings nicht leicht durchzuhalten, und deshalb sollten wir diese Tour vielleicht den Performancekünstlern überlassen. Es gibt in der Szene ja bereits einige wahrlich beeindruckende Selbstdarsteller.

Wir können auch der Anti-Christ der Erleuchtung werden, indem wir zu rauchen beginnen, schwarze Kleidung tragen, uns viele Tattoos und Piercings zulegen und allem gegenüber eine so verdammt zynische Haltung an den Tag legen, dass es niemanden kümmern wird, ob wir erleuchtet sind oder nicht. Uns selbst übrigens auch nicht, womit das Problem gelöst wäre.

Aber warum gibt es dieses Problem überhaupt? Wer hat uns diese Idee der Erleuchtung in den Kopf gesetzt? Und warum nur sind wir darauf angesprungen?

Erleuchtung ist eines dieser klassischen, machtvollen Meme.

Meme sind jene infamen, sich selbst reproduzierenden Ideenpakete, die der Zoologe Richard Dawkins im Buch *Das egoistische Gen* beschrieben hat. Wenn wir von Memen sprechen, dann geht es um deren ansteckende Eigenschaft, die es möglich macht, dass Gedanken von Gehirn zu Gehirn überspringen und sich dadurch immer weiter ausbreiten. Einige Gedankenpakete vervielfältigen sich leichter und schneller als andere. Meme sind für das Verständnis des Denkens etwa das, was die Gene für das Verständnis der Genetik sind.

Wenn Meme nicht von Gehirn zu Gehirn überspringen, dann sterben sie aus. Diese hochansteckenden Gedankenkettenbriefe, die man Meme nennt, verlangen von uns Gehorsam und Weiterverbreitung von uns. Ihr einziger Zweck liegt darin, in der Überleben-des-Stärkeren-Welt des Denkens höher aufzusteigen.

Die Mem-Theorie, eine zugegeben düstere Sichtweise unseres Lebens, ist in dem Darwinschen Ringen darum, Gastgehirne zu finden, in dem sie sich ausbreiten kann, selber nicht sonderlich erfolgreich. Sie breitet sich nicht rasch aus, indem sie neue Anhänger findet. Die Memetik wird nur von einzelnen verstreuten Akademikern und Wissenschaftlern beachtet. Es gibt wohl einfach bereits zu viele Meme und zu wenige gastfreie Gehirne.

Im Vergleich zur Mem-Theorie verschlingt die Religion, die Königin aller Mem-Kategorien, ganze Populationen, in denen sie sich rasend schnell ausbreitet und neue Anhänger hervorbringt. Die großen Religionen haben sämtliche Komponenten, die es braucht, um die Verbreitung ihrer besonderen Glaubenssätze geradezu zwingend durchzusetzen: Sie fördern hohe Geburtenraten, belohnen die Missionierung und bestrafen die Abweichung vom Glauben; sie verstärken die allgemein akzeptierten Glaubenssätze in Kindern und machen Abweichler zu Außenseitern. Dies sind nur einige der Eigenschaften erfolgreicher religiöser Meme. Einige Religionen gedeihen, andere bringen es nicht weit. Die Mem-Theorie erklärt, warum das Mormonentum in Amerika zu den am schnellsten wachsenden Religionen gehört (viele Kinder, jedermann ist ein Missionar, und versuch besser nicht, dich vom Glauben abzuwenden), während die Gruppe der Shaker eigentlich nur noch eine Fußnote der religiösen Geschichte sind (kein Sex, keine Kinder, keine Missionare, tolle Möbel).

Das führt uns zur Idee der Erleuchtung zurück. Dieses besondere Mem ist ein wenig das Stiefkind in der Familie der religiösen Meme. Es ist weniger vielversprechend wie das Mem «Kommender Messias» und auch nicht so schwungvoll wie «im rechten Glauben wiedergeboren». Und es hat längst nicht die motivierende Kraft von so etwas wie «Heiliger Krieg». Erleuchtung wird es in der religiösen Hitliste nie zum Spitzenplatz bringen.

Der Köder am Angelhaken der Erleuchtung ist relativ schlicht und sieht etwa folgendermaßen aus:

Du bist voller Konflikte, und du weißt es. Es gibt einen Bewusstseinszustand, in dem du diese Konflikte nicht zu haben brauchst. Dieser Zustand ist die Erleuchtung, und das könnte theoretisch im nächsten Augenblick eintreten. Aber dieser Zustand wird höchstwahrscheinlich nicht im nächsten Augenblick eintreten, weil du einfach noch voller verwirrter Gedanken und Gewohnheiten bist, und es wird wahnsinnig lange dauern, all diesen geistigen Müll loszuwerden. Wahrscheinlich mehrere Leben. Haben wir «mehrere Leben» ge-

sagt, Reinkarnation und all das erwähnt? Das ist genau der Grund, warum du so viel Müll hast. Du hast dieses Zeug schon seit ... na ja, eigentlich schon seit einer Ewigkeit angesammelt. Du wirst etwa genauso lange brauchen, um das wieder in Ordnung zu bringen. Aber angenommen, dass du unsere Übungen für diesen zugegebenermaßen nicht gerade kurzen Zeitraum praktizierst, dann wirst du am Ende zweifellos – und Zweifel ist eine der Schattenseiten, von denen du dich befreien musst – erleuchtet werden. Erleuchtung, das heißt übrigens, dass du nicht mehr darum zu ringen brauchst, irgendetwas anderes zu sein als das, was du bereits bist, und selbst die Vorstellung, erleuchtet zu werden, wird dann wegfallen. Das wird ziemlich cool sein, und gewiss ist das die ganze Mühe wert, das Meditieren und all das. In der Zwischenzeit hab ein angenehmes Leben.

Die Stärke der Erleuchtung ist auch ihre Schwäche. Wir alle wissen, dass wir voller Konflikte sind in Bezug auf unsere Beziehungen, unsere Arbeit, unser Selbstverständnis, unsere Angst vor dem eigenen Tod oder einfach die ganz normale Mühle des Alltags. Das ist ein großes Plus für die Reproduktion des Erleuchtungs-Mems. Das Erleuchtungs-Mem sagt, dass wir voller Konflikte sind, aber es deutet an, dass es einen Ausweg aus diesen Konflikten gibt, und es sagt uns, wie wir diesen Ausweg finden können. Die Belohnung ist das Ende der Konflikte: Friede, Satori, kosmisches Bewußtsein – eben Erleuchtung. Das ist schon ein Knaller. Eigentlich sollte sich das ausbreiten wie ein Lauffeuer.

Aber da liegt auch das Problem. Der Ausweg besteht darin, dass wir *nicht* versuchen, dem Konflikt zu entgehen. Danach zu suchen, das macht den Konflikt doch gerade aus – und wir versuchen ja, vom Suchen frei zu werden. Alles, was uns übrig bleibt, ist, in Bezug zur Bewegung des Geistes innezuhalten.

Wenn wir uns jedoch das Erleuchtungs-Mem andrehen lassen, dann lassen wir uns damit Bemühung und Bewegung andrehen, die Bemühung, irgendwohin zu gelangen, wo wir noch nicht sind. Doch wenn wir an der Erleuchtung selbst interessiert sind, dann sind wir bereits angekommen. Wir sind, wo wir sind, wer wir sind – ohne zu versuchen, irgendetwas anderes zu tun. Das Erleuchtungs-Mem stirbt mit uns. Da gibt es nichts zu reproduzieren, weil es nichts zu tun gibt.

Den Kettenbrief haben wir zwar erhalten, aber wir haben die Kette unterbrochen.

Erleuchtung ist eine Idee, ein Mythos, der uns mit der Geschichte verzaubert, dass wir irgendwohin «reisen» müssten, und dieser Ort sei anderswo als dort, wo wir gerade sind. Das Konzept der Erleuchtung, das wir fraglos akzeptiert haben, ist unser lästiger Lebenspartner, unser größter Kritiker, und das unterminiert ständig unsere Fähigkeit, einfach zu sein.

Wie könnten wir einfach sein, wenn wir doch besser sein sollten?

Wenn Sie Erleuchtung haben wollen, so warten Sie doch nicht einhunderttausend Lebensspannen darauf. Haben Sie sie jetzt, indem Sie jede Spur des Erleuchtungs-Mems aus Ihrem Sein ausrotten. Und wenn wir auf den einhunderttausend Leben bestehen, können wir dann ehrlich genug sein zuzugeben, dass wir noch andere Prioritäten haben?

Wir werden schon zur Erleuchtung kommen, wenn wir das erledigt haben, was wir mit den ersten 99 999 Leben angefangen haben.

Der heilige Augustinus war da ganz schnörkellos, als er zu Gott um Erleuchtung betete: «Herr, gib mir Keuschheit und Selbstbeherrschung, aber noch nicht gleich.» Aurelius Augustinus war ehrlich. Darum war er ein Heiliger. Die meisten von uns sind keine Heiligen.

Die Erleuchtung ist unsere Ausrede, um in der Zeit leben zu können, um aus dem Denken leben zu können und uns mit einer egoistischen Perspektive durch das Leben mogeln zu können. Die Erleuchtung ist immer irgendwo da vorn in der Zeit, niemals hier, niemals jetzt. Das ist freilich sehr bequem.

Doch wenn es keine Erleuchtung gibt, dann sind wir auf frontalem Kollisionskurs mit – uns selbst.

Wenn Erleuchtung existiert, dann ist sie etwas, das nur einer von einer Billion Menschen je erreicht. Für uns selbst wird das noch lange Zeit dauern. Genau genommen wird niemand von uns je in absehbarer Zeit Erleuchtung erlangen, und so werden wir unser Leben im Grunde genau so leben, wie es uns behagt, mit der schlichten Entschuldigung, dass uns die Erleuchtung in diesem Leben einfach noch nicht beschieden sei.

Wenn es aber keine Erleuchtung gibt, so haben wir eben jetzt die volle Verantwortung.

Da haben wir also zwei miteinander konkurrierende Unter-Meme vor uns: «Erleuchtung jetzt» mit unmittelbarer und voller Verantwortung oder «Erleuchtung später» mit derselben Verantwortung, aber zum Glück erst viel später. Es geht um «jetzt oder später».

Eine Erleuchtung in der Zukunft wird den Darwinschen Kampf der Auslese um memetische Vorherrschaft sehr rasch für sich entscheiden. Der Geist liebt es, Dinge auf die lange Bank zu schieben.

Und darin liegt der Haken. Die Bewegung des Denkens findet in einem Feld des Gewahrseins statt, und die Beobachtung dieser Bewegung transformiert sie.

Sind wir uns dieser gegensätzlichen Konzepte der Erleuchtung bewusst, dann verändert diese Einsicht die Sache mit der Erleuchtung bereits. Unser Deal mit der Erleuchtung in der Zukunft sah eigentlich so aus, dass wir ein paar tausend Leben haben wollten, in denen wir die Sau rauslassen können. Ist uns aber erst einmal bewusst, wie verantwortungslos das ist, dann funktioniert die Sache nicht mehr so gut.

Die Sau rauslassen setzt Unbewusstheit voraus. Die Suche nach Erleuchtung setzt Unbewusstheit voraus.

Doch jetzt sind wir uns all dessen bewusst. Wir sind nicht länger unbewusst.

Aber auch dieses neue Verständnis ist noch nicht ausreichend.

Dieser Standpunkt verzerrt sogar das Ideal, das darin besteht, als Ausdruck der Erleuchtung gegenwärtig und verantwortlich zu sein. Denn wenn wir gegenwärtig und verantwortlich sind, dann scheint es daneben noch eine Menge anderer Leute zu geben, die in Verantwortungslosigkeit und Zeit feststecken.

Wir sind anders als die da.

Wir sind besser, wir sind im Augenblick, verantwortlich, abgetrennt – und stecken fest.

Das Licht des Gewahrseins scheint auf unser ziemlich verqueres Häuflein selbstgerechter Gegenwärtigkeit. Sagen wir gerade heraus, was das ist, benennen wir die Art von Abhängigkeit von der Vollkommenheit, wie sie nur ein fortgeschrittener spiritueller Sucher erzeugen kann.

Wir dachten, wenn wir nur gegenwärtig und verantwortlich wären, dann wären wir vollkommen.

Wir dachten, wenn wir vollkommen wären, dann wären wir erleuchtet.

Wir dachten, wenn wir erleuchtet wären, dann wären wir in Sicherheit.

Jetzt sehen wir, dass wir weder vollkommen noch erleuchtet sind.

Gewahrsein, das Bewusstseinsfeld, in dem alle unsere Gedankenstrukturen aufsteigen und wieder vergehen, zerschmettert die Welt der widerstreitenden Konzepte und spirituellen Standpunkte. Es zerschmettert die Erleuchtung selbst.

Gewahrsein ist ein Schlag ins Gesicht des hysterischen, von sich selbst besessenen, kleinkarierten spirituellen Suchers. Gewahrsein sagt: *Klink dich da aus. Du wirst das Leben nicht in der Meditation finden, ganz gleich, wie ernsthaft und vollkommen spirituell du wirst. Meditation ist die Wirklichkeit, sie ist das Leben selbst, gerade so, wie es ist. Geh über die Erleuchtung hinaus!*

Unversehens sind wir in einen unmittelbaren Kontakt mit der Struktur unseres Geistes geraten. Da gibt es keine Erleuchtung. Da gibt es keine Unbewusstheit. Da gibt es keine Beurteilung von Gut und Böse, Wahr oder Falsch.

Da gibt es nur das, was ist.

Und das, was ist, das sind wir.

Das Nichtüben der Wirklichkeitsmeditation

Wenn wir uns ganz einfach bei uns selbst wiederfinden, wenn wir unserer liebsten Vorstellungen von Spiritualität beraubt sind, ja selbst einer soliden Empfindung des Ich, dann stehen wir in direktem Kontakt mit dem Leben.

Dieser Kontakt ist die einzige Meditation, die frei ist von einem Ziel, frei von einer Verheißung, frei von unserem Ich.

Vorher haben wir meditiert, um besser zu werden, um uns zu ändern, um etwas darzustellen, um zu flüchten. Jetzt meditieren wir, weil das alles ist, was es gibt. Diese Meditation ist völlig frei von Wahl und Motiv.

Früher haben wir uns zum Meditieren hingesetzt, zu einer bestimmten Zeit und mit einer bestimmten Übung. Jetzt meditieren wir, wo immer wir sind, was immer wir tun.

Die Wirklichkeitsmeditation ist keine Übung. Das Leben lässt sich nicht proben. Übung macht nicht den Meister.

Wirklichkeitsmeditation ist eine Nichtübung.

Sie ist das Spiel selbst, ungeprobt, unvorbereitet, roh, frisch und vital.

Nichtübung macht unvollkommen, und unvollkommen sein ist vollkommen in Ordnung.

Sie ist das, was wir sind, in Wirklichkeit.

Wir singen Opernarien in der Dusche, wo uns kein Kritiker zuhört, und künstlerische Größe wird uns allen durch den Strom des warmen Wassers zuteil. Dann fällt uns wieder ein, wer wir sind, wie spät wir dran sind und dass wir eigentlich gar nicht singen können. Wir haben begonnen, unser Leben wieder zu praktizieren, unsere Nichtpraxis der Wirklichkeitsmeditation versandet und wird zum Tun.

Doch selbst diese Einmischung des Denkens ist Wirklichkeit: Der Druck des Urteilens, das Rasen der Zeit, das Nagen neurotischer Gedanken, das alles ist nun die Natur unserer Wirklichkeit.

Wir finden, dass wir ohne Anstrengung oder Tun über diese Wirklichkeit meditieren können. Die Wirklichkeitsmeditation ist zur Tatsache geworden, wie sie ist, was immer sie ist. Es ist das Aufwachen aus einem Traum in einem Traum.

Der Traum geht weiter, aber wir sind wach für die Tatsache, dass wir träumen.

Atem und Körper in Wirklichkeit

Der Raum ist nahezu unendlich.
Tatsächlich denken wir, dass er es ist.
Dan Quayle

Nackte Singularität und nahezu unendlicher Raum

Wenn wir erst einmal die Natur unseres Geistes durch Meditation erforschen, kommen wir unweigerlich in Kontakt mit der geheimnisvollen Welt unseres Körpers. Wir wissen sehr viel über unseren Körper, und bald entdecken wir, dass wir sehr wenig über unseren Körper wissen. Wir werden von den Trieben und Begierden des Körpers motiviert. Wir identifizieren uns mit seinen Schmerzen und Lüsten. Wenn es etwas in der Welt gibt, von dem wir ohne einen Anflug von Zweifel wissen, dass es unsere Identität, ja unser Sein selbst ausmacht, so ist es unser Körper.

Aber sind wir unser Körper?

Die Biologie sagt, dass wir unser Körper sind. Die Religion sagt, wir sind es nicht. Wissenschafter und Philosophen haben während Jahrhunderten miteinander diese Frage umkreist; manchmal waren sie einer Meinung, meistens aber nicht. Die zeitgenössische Naturwissenschaft, genauer die Quantenphysik, entfernt sich heute von einer rein materialistischen Sichtweise, während die Philosophie, genauer der säkulare Humanismus, sich dieser annähert. Die Pseudowissenschaft, genauer einige Formen der Psychologie, möchte beides in einem haben, indem sie mit unserem Geist umgeht, als sei er einerseits materiell (indem sie ihn im Gehirn lokalisiert) und andererseits immateriell (indem sie seine so genannten Störungen im Verhalten, in der Neurose, in Ichkonflikten und Ähnlichem festmacht).

Wir wünschen uns ja so sehnlichst, dass die Welt Sinn macht. Es wäre doch zu schön, wenn die Welt vor dermaßen langer Zeit durch einen Urknall erschaffen worden wäre, dass in dem riesigen seither vergangenen Intervall Zeit genug bliebe für die Entstehung komplexer, miteinander verknüpfter Lebensformen, wie es sie heute gibt, und diese wären durch reine Zufallsprozesse entstanden. In diesem Falle wäre unser Körper das Resultat eines Prozesses natürlicher Auswahl und der Höhepunkt der Evolution. Aber können wir wirklich an dieses Märchen glauben? Ist hier nicht noch etwas Weiteres im Spiel als lediglich eine riesige Explosion von Materie?

Physiker und die Astronomen sind sich darüber nicht recht einig. Und nur eine Hand voll von Menschen kann die Resultate dieser Forscher überhaupt überprüfen. Ihre Arbeit besteht zum größten Teil aus mathematischen Berechnungen, und da die meisten von uns nicht einmal mit hinreichender Genauigkeit einen Überblick über ihren Kontostand behalten können, haben wir intuitiv unsere Zweifel an Erklärungen, die auf reiner Arithmetik beruhen. Wir wissen, dass es auf der Welt drei Gruppen von Menschen gibt: jene, die zählen können, und jene von uns, die das nicht können. Wir trauen der Gruppe, die gut mit Zahlen umgehen kann, nicht recht über den Weg – zumindest nicht jener Gruppe, die so gut mit Zahlen umzugehen versteht, dass wir keinen blassen Schimmer haben, was die Leute dort eigentlich tun.

Das andere Problem, das wir mit dem naturwissenschaftlichen Paradigma haben, ist die Tatsache, dass die Story alle paar Jahre neu formuliert wird. Erst kürzlich hat eine Hand voll jener Menschen, die überhaupt dazu in der Lage sind, Stephen Hawkings Arbeit über die nackten Singularitäten, eine Art von Schwarzen Löchern, überprüft. Es stellte sich heraus, dass Hawking sich irrte. Die Enthüllung machte Schlagzeilen. Wir alle grinsten schadenfroh. *Eine kurze Geschichte der Zeit* steht noch immer in unserem Bücherregal und wartet darauf, dass wir es zu Ende lesen. Derweil geht das Leben weiter.

Eine nackte Singularität wird als etwas Ähnliches definiert wie ein Schwarzes Loch. Schwarze Löcher sind als Regionen im Weltraum definiert, die vom Rest des Universums isoliert sind, weil nichts der Anziehungskraft der unendlich großen Masse in ihrem Inneren entfliehen kann. Wir sprechen über Schwarze Löcher, als hätten wir schon einmal eines gesehen – also, nicht wirklich «gesehen», denn selbst das Licht vermag deren unwiderstehlichem Sog nicht zu entfliehen. Aber wenigstens haben wir die unendliche Masse in deren Innerem berechnet, um sicherzugehen, dass sie wirklich unendlich ist und nicht nur einfach verdammt viel. Na ja, okay, wir haben nicht groß Ahnung von diesem Zeug, aber wir haben Hawkings Buch, und auch wenn wir es nicht gelesen haben, so haben wir immerhin die Rezensionen darüber gelesen.

Dann lesen wir in der Zeitung die amüsante Geschichte über Hawkings Irrtum und wie Hawking dem Typen, der den Fehler nachgewiesen hatte, gratulierte, indem er ihm ein T-Shirt schenkte. Hawking sagt: Na gut, vielleicht ist eine nackte Singularität zwar möglich, aber doch sehr, sehr unwahrscheinlich. Der Typ hatte mit irgendeinem schicken Computermodell gezeigt, dass ein Schwarzes Loch in einen einzigen Punkt kollabieren könnte, in dem der Raum unendlich gekrümmt ist und in dem, nebenbei gesagt, die Gesetze der Physik ebenfalls kollabieren. Hoppla! So viel zur Physik. Sie kollabiert zusammen mit allem anderen in einen einzigen Punkt. Der eine Punkt ist unendlich gekrümmt. Er ist eine Art von Schwarzem Loch. So weit verstehen wir das – glauben wir.

Auf dem T-Shirt, welches Hawking jenem Typen schenkte, der seinen Irrtum nachgewiesen hatte, stand geschrieben: «Die Natur hasst eine nackte Singularität.» Wir finden das zu komisch. Eine nackte Singularität ist wie ein Schwarzes Loch – also kommt uns das alles wahnsinnig komisch vor.

Doch später kommen wir ins Grübeln. Wenn Hawking mit dieser Sache falsch lag – wo mag er sonst noch falsch liegen? Und wer kann nachprüfen, was er uns erzählt? Und wer prüft nach, ob der Typ, der Hawkings Irrtum nachgewiesen hat, Recht hat? Wie kommt es, dass diese Typen uns ständig irgendetwas anderes erzählen können und die Leute sie trotzdem immer noch ernst nehmen? Ein einziger Punkt, in dem der Raum unendlich gekrümmt ist? Schließlich steht es in der Zeitung. Es steht sogar in der *Zeit*. Wenn wir an so etwas glauben können, können wir an alles glauben.

Warum dann nicht an Gott glauben? Gott erschuf das Universum in all seiner Komplexität. Gott erschuf Stephen Hawking und den Typen, der ihn widerlegte. Und sollte es eine nackte Singularität geben, so hätte Gott auch die erschaffen. Gott bringt es von Zeit zu Zeit sogar auf die Titelseiten der *Zeit* und des *Spiegel*. Auch hier haben wir keine Möglichkeit, die Mathematik dahinter zu überprüfen. Genauso gut können wir daran glauben. Es ist genauso plausibel wie die Quantenphysik.

Wir können daran glauben, dass Atlantis vor Tausenden von Jahren im Ozean versank. Wir können daran glauben, dass ein Erzengel gechannelt wird oder dass die «aufgestiegenen Meister» durch irgendeine Zahl von Individuen zu uns sprechen, Individuen, die allein durch ihre Behauptung, Kanal für «aufgestiegene Meister» zu sein, qualifiziert sind. Wenn wir damit einmal losgelegt haben, können wir an so ziemlich alles glauben.

Doch wenn wir die Natur des Körpers erforschen, werden wir uns nicht im Widerstreit der Ideen verstricken, in der Dialektik von Materialismus kontra Spiritualität – oder in irgendeinen der zahllosen Glaubenssätze, die wir als Teil unserer kulturellen oder persönlichen Erziehung ererbt haben. Das ist jedoch leichter gesagt denn getan.

Was ist unser Körper denn eigentlich?

[handschriftlich: vgl. Maturana]

Eine Erkundung des Körpers ist weitgehend die Entdeckung und Untersuchung unserer Vorstellungen über den Körper. Vielleicht gelingt es uns ja zu sehen, was unser Körper in Wirklichkeit ist, wenn diese Vorstellungen einmal nicht unsere Sicht verstellen? Wir alle haben ohne Körper angefangen. Irgendwann auf dem Weg haben wir dann einen Körper bekommen. Das ist ziemlich interessant, wenn wir dem einmal wirklich nachgehen wollen.

Wir beginnen unsere Entwicklung als Teil des Körpers unserer Mutter und werden erst nach längerer Zeit und nach einem ziemlichen biologischen Aufwand zu einem Individuum. Wir werden aus dem Mutterschoß ausgestoßen, und mit einem Mal haben wir einen eigenen Körper. Bevor wir den Körper unserer Mutter verlassen haben, haben wir so viel mit ihr geteilt, dass keiner von uns so recht wusste, wo man eine Trennungslinie hätte ziehen sollen. Nun ist diese Trennung klar und deutlich.

Uns ist kalt, wir sind hungrig und müde. Wir schreien. Wärme kommt, die Brust kommt, Schlaf kommt. Wir wachen auf. Wir sind nass, hungrig und müde. Trockene Windeln kommen, die Brust kommt, Schlaf kommt.

Der Körper ist unser einziger Kontakt mit der Welt. Unser Körper ist die Welt. Im Grunde kein schlechtes Leben, und ohne Zweifel werden uns viele Ruhepausen gegönnt.

Aber diese Geschichte wird langsam immer komplizierter.

Bald verspüren wir den Drang zur Erkundung. Unsere Hand bewegt sich. Wie ist das geschehen? Sie bewegt sich wieder. Dieses Mal haben wir sie bewegt. Bald können wir sie bewegen, wann immer wir wollen. Schließlich lernen wir sogar, damit zu winken. Der Körper ist zu unserem Ausdrucksmittel gegenüber der Welt geworden und ist nicht mehr nur unser Berührungspunkt mit der Welt. Der Körper ist nicht länger die Welt, sondern unser Platz in der Welt. Der Körper ist zu dem Angelpunkt geworden, über den der Hebel unseres Geistes beginnt, das Universum um uns herum in Bewegung zu setzen.

Diese Aufteilung in innere und äußere Welt wurde durch den Körper vermittelt, und die Unterscheidung der inneren Welt des Denkens und der äußeren materiellen Welt wird durch das Auftauchen der Sprache noch bestärkt. Die Sprache stattet uns mit einem Mittel aus, die Welt um uns herum durch den Ausdruck der inneren Welt unserer Gedanken zu kategorisieren, zu manipulieren und zu kontrollieren. Bereits in recht jungen Jahren explodiert die Sprache in unserem Bewusstsein, und damit wird unsere Realität für immer verändert.

Wir lernen Ausdrücke wie «nein» und «lass das». Wir entdecken «Ich will» und «mein». Wir sind aus dem Garten Eden vertrieben. Wir sind eingekerkert in die Sprache, die einstige Unschuld ist von Jahrtausenden der biologischen und kulturellen Konditionierung verschluckt worden. Schließlich hat jedes Wort seine Geschichte. Kein Wort ist rein. Mit dem Wort übernehmen wir auch die damit verbundenen Verunreinigungen.

Während unsere Welt immer mehr durch die Sprache fixiert wird, geschehen mehrere Dinge. Wir vergessen den vorsprachlichen Zustand, der noch nicht durch das Denken aufgesplittert war. Wir versinken in einer Realität, die auf Sprache gründet, mit allen dazugehörenden Konditionierungen. Diese Realität wird zu unserer einzigen Realität.

Und sowie sich unsere Welt versprachlicht, verlieren wir den ursprünglichen Kontakt zum Körper.

EXPERIMENT: Sitzen Sie mit Ihrem Körper. Nehmen Sie sich an einem stillen Ort etwas Zeit ohne jede Ablenkung und ohne eine bestimmte Idee, was Sie da tun, und seien Sie einfach nur. Achten Sie auf das, was Sie in Ihrem Körper finden können, und darauf, welchen Part Ihr Geist bei der Erzeugung der Ideen über den Körper spielt. Was ist die Wirklichkeit Ihrer Erfahrung mit dem Körper?

EXPERIMENT: Sitzen Sie mit geschlossenen Augen und lassen Sie Ihre Aufmerksamkeit am Scheitelpunkt beginnend durch den Körper wandern. Gehen Sie dabei langsam in diesem Feld der Empfindungen, das Ihr Körper ist, hin und her – bis zu den äußeren Grenzen des Körpers und wieder zurück. Wenn Sie dabei irgendeines Dings in dieser inneren Welt gewahr werden, dann achten Sie darauf, bis es sich verändert oder verschwindet. Gehen Sie durch den gesamten Körper oder durch irgendeinen Teil davon, bis Ihre Konzentration nachlässt. Was ist in dieser Welt Körper und was ist Geist? Was ist die Wirklichkeit dessen, was Sie entdecken?

EXPERIMENT: Legen Sie sich flach auf eine bequeme Matte. Entspannen Sie sich. Was steht einer völligen Entspannung im Wege? Was gibt es für körperliche oder mentale Spannungen? Wo sitzen sie? Sind sie in Ihrem Körper oder in Ihrem Geist? Wo ist Ihr Körper und wo ist Ihr Geist? Sind sie dasselbe oder sind sie verschieden? Sollten Sie während dieser peinlich genauen Untersuchung einschlafen, so betrachten Sie dies als eine der erfreulichen Nebenwirkungen des Lebens der Selbsterforschung. Genießen Sie Ihr Nickerchen. Ach übrigens – was ist Schlaf?

Der Körper als Sondermülldeponie

> *Physikalische Konzepte sind freie Schöpfungen des menschlichen Geistes. Sie werden nicht, was immer auch der Anschein sein mag, einzig und allein durch die Außenwelt determiniert.*
> Albert Einstein

Die Komplexität unserer Gedankenstrukturen schirmt uns gegen den direkten sensorischen Kontakt mit der Welt ab. Inmitten unserer mentalen Kommentare können wir die Wirklichkeit unserer physischen Eindrücke kaum erkennen. Zwar fühlen wir all die Lüste und Schmerzen, doch werden sie jetzt durch unseren überbordenden Intellekt interpretiert, durch eine ständig wachsende Sammlung von Gedanken, Ideen und Begriffen.

Wir vereinbaren einen Termin bei einem Zahnarzt, weil wir Zahnschmerzen haben. Da ist der Schmerz, aber da ist auch, nun sagen wir, eine beträchtliche Abneigung, zum Zahnarzt zu gehen.

Zu den Zahnschmerzen kommen Angst und Abneigung hinzu.

«Ich mag nicht zum Zahnarzt gehen» und «Ich hasse Zahnärzte».

Dem Ganzen lassen sich noch weitere Ebenen der Beklemmung hinzufügen.

«Letzte Nacht konnte ich nicht schlafen, weil ich ständig an den Termin beim Zahnarzt denken musste.»

Dazu vielleicht noch eine Prise Schuldgefühle.

«Ich sollte mich nicht so anstellen; das ist doch nicht normal.»

Als Zugabe noch einige Spannungen, ein Sedativum und einige Schmerztabletten.

Jetzt heult der Bohrer. Spüren wir Schmerzen? Nein. Eigentlich nicht. Es besteht ein Unterschied zwischen der Unterdrückung der Wahrnehmung von Schmerzen und keinen Schmerzen. Der Zahn wird gebohrt. Wir fühlen es einfach nicht. Das Loch ist da.

Und der Geist hat all die Abneigung, die Gefühle von Angst und Schuld als Erinnerung gespeichert, als psychischen Schmerz. Aber das werden wir einfach vergessen. Wir werden es übertünchen.

Wir wollen nicht in Kontakt mit unserem Körper sein, wenn wir beim Zahnarzt sind oder bei irgendeiner anderen Gelegenheit, die mit Schmerz verbunden ist – jede Art von Schmerz, physischer oder psychischer. Das ist doch ganz verständlich, nicht wahr? Ohne Schmerzen sein heißt glücklich sein – oder?

Nicht unbedingt.

Wenn wir die Gegenwart eines Konflikts in unserer mentalen oder psychischen Welt leugnen, ist das Loch dann nicht immer noch da? Der Schaden ist angerichtet. Der Schmerz ist gespeichert und wartet geduldig darauf, erfahren zu werden. Der Speicher ist unser Körper.

Der Körper hält die Erfahrung fest, sehr fest. Der Körper, der einmal frisch und geschmeidig war, wird mit zunehmendem Alter und wachsender Erfahrung immer verknöcherter, unempfindlich, starr, unfähig, sich zu verändern und zu lernen.

Genau wie wir selbst.

Das heißt genau wie das, womit wir gelernt haben, uns zu identifizieren – wie unser Geist. Der Körper speichert den Schmerz, das Gedächtnis speichert den Schmerz, aber wir selbst, dieses ungreifbare Ich, brauchten den Schmerz nicht zu erfahren.

Natürlich machen wir uns da selbst etwas vor. Wir entgehen dem Schmerz nicht. Er holt uns in der Form von Krankheit, Depression, Langeweile, gescheiterten Beziehungen und in tausend anderen Formen ein. Er holt uns ein in dem leisen, aber nagenden Ungenügen eines Lebens ohne tieferen Kontakt mit der Essenz des Lebens und im plötzlichen Aufwallen von Angst vor dem Tod oder einer Krankheit. Wir können davonlaufen, aber es gelingt uns nicht, uns zu verstecken.

Schmerz ist ein ständiger Begleiter unseres Lebens; statt ihn zu erfahren, vergraben wir ihn lieber tief im Keller unseres Körpers.

Wie Giftmüll kann auch Schmerz transportiert, eingekapselt, vergraben und vergessen werden. Doch irgendwann wird er wieder an die Oberfläche unseres Lebens dringen, jetzt noch giftiger als damals, als wir ihn vergruben.

Wir haben hochkomplexe mentale Konstrukte aufgebaut, um psychischen Schmerz zu vermeiden. Wir verstecken uns in diesen gedanklichen Konstrukten, in unseren gepanzerten Körpern. Diese konstruierte Welt, das Vermeiden und Verstecken, der verknöcherte Körper – diese Kombination wird zu unserer einzigen Realität.

Die Angst vor dem Schmerz ist selber zum Schmerz geworden, und dieser Schmerz wird zu unserer Realität.

Etwas anderes können sich Angst und Schmerz nicht vorstellen. Die Lösung dieses Zustandes der dauernden Verspannung wird zu einer Bedrohung. Wir wehren uns gegen alle Versuche, uns aus unserer Welt zu befreien, weil wir uns eine Alternative nicht mehr vorstellen können.

An einem früheren Punkt in unserem Leben haben wir vielleicht das Streben nach Lust für eine Alternative gehalten. So eifrig, wie wir den Schmerz vermieden haben, haben wir die Lust gesucht. Selbst als unser Körper den Schmerz speicherte, dem wir ausgewichen waren, lehrten wir ihn die Sucht nach Lust.

Der Körper kann Lust erfahren, aber er kann sie nicht begehren, er kann nicht darin schwelgen und er kann sich nicht vornehmen, sie zu vergrößern. All das muss der Geist tun. Für den Körper ist Lust bloß die einfache Tatsache einer bestimmten Erfahrung. Für uns, für die Ansammlung von Vorstellungen, die wir zu unserem «Ich» arrangiert haben, ist Lust sehr viel mehr.

Für uns ist die Lust ein Lebenszweck, sie ist ein Antrieb zu werden, sie ist Belohnung für unsere Mühen, unser Trost nach Fehlschlägen. Lust ist nicht in diesem Augenblick. Sie ist immer im nächsten Augenblick oder im letzten Augenblick. Wir trainieren unseren Körper darauf, sich zu erinnern und etwas zu erwarten. Wir schaukeln unsere Erinnerung zu Verlangen auf. Und dieses Verlangen will befriedigt sein. Wir tun, was wir tun müssen, um unser Verlangen befriedigen zu können. Wir schwelgen in der Lust, bis wir übersättigt sind. Doch das Seltsame an der Lust ist, dass wir nie satt und zufrieden sind. Oft sind wir übersättigt, zufrieden aber sind wir nie.

Am nächsten Morgen, eine Stunde später, im nächsten Augenblick wollen wir es wieder. Wir wollen mehr, wollen es besser, stärker, berauschender, öfter. Wir begehren. Das Verlangen ist in unserem Körper gespeichert. Der Körper verlangt nach Zucker, Koffein, Nikotin, Nahrung, Alkohol, Kokain, Cannabis, Sex, Endorphinen und so weiter und so weiter. Nie ist das Verlangen befriedigt. Das Begehren ist ein ständiger Stachel. Es nimmt kein Ende. Ein Leben ohne Verlangen können wir uns gar nicht mehr vorstellen.

Wir fürchten, nicht zu bekommen, was wir uns wünschen. Es ist schmerzlich, Mangel zu spüren, allein schon die Aussicht, es könne uns an dem mangeln, was uns Lust verschafft, tut weh. Das Streben nach Lust ist schmerzlich. Wir verschlingen die Lust gierig und so schnell es nur geht, wir erfahren sie kaum und suchen schon nach mehr, panisch, verzweifelt und unter Schmerzen.

Lust ist Schmerz.

Der Sondermüll tritt zutage.

EXPERIMENT: Versuchen Sie einen Tag lang, direkt auf die Signale Ihres Körpers zu reagieren. Wenn der Körper hungrig ist, essen Sie; ist er durstig, trinken Sie, ist er müde, schlafen Sie und so weiter. Gewöhnlich bringen wir den Körper nur mit auf die Tour, die unser Geist produziert. Wir führen unserem Körper Delikatessen zu, die unseren Gaumen kitzeln sollen, ob wir gerade hungrig sind oder nicht, wir putschen ihn mit Koffein auf, wenn wir einen guten Eindruck machen oder eine Leistung bringen müssen, wir treiben ihn bis zur Erschöpfung an, um alles, was an einem Tag ansteht, zu erledigen. Wie wäre es, wenn wir den Körper mal einen Tag lang den Laden schmeißen ließen? Für eine Woche? Einen Monat?

EXPERIMENT: Versuchen Sie einen Tag lang, den Körper unmittelbar auf die Signale des Geistes reagieren zu lassen, ohne die Kontrolle und Einschränkung durch den Geist. Wenn der Geist Furcht erfährt, lassen Sie den Körper davonlaufen, statt voller Anspannung zu verharren. Wenn der Körper wütend ist, lassen Sie ihn schreien und sich ausdrücken, statt die Wut in seinen Eingeweiden zu speichern. Wo liegen die Grenzen, über die wir den Körper nicht hinausgehen lassen? Gewalt? Sexuelle Avancen? Gesellschaftlich verpöntes

Verhalten? Beachten Sie, was geschieht, wenn wir an diese Grenzen stoßen. Wohin mit den Aktivitäten, die wir uns nicht erlauben?

EXPERIMENT: *Erkunden Sie Ihre körperlichen Beschwerden. In den meisten stecken Frühstadien einer Krankheit, Stress, Bereiche von Schmerz oder Fehlfunktionen. Woher rühren diese Dinge in unserem Körper? Halten Sie diese Krankheit oder diesen Stress in sich fixiert? Vermeiden Sie sie? Gehören sie körperlich zu Ihrem Ichempfinden? Würden Sie sie vermissen, wenn sie verschwänden?*

Der Körper als Glaubenssystem

Es ist kein Wunder, dass wir bei all dem Stress und den Konflikten in unserem armen Körper diese ganze Situation lieber nicht allzu genau betrachten. Also tun wir das auch nicht.

Stattdessen glauben wir an das, was man uns über unseren Körper erzählt hat. Da gibt es so viel, an das wir glauben können, und so wenig Gründe, irgendetwas in Frage zu stellen. So ist es einfach bequemer.

Schon in sehr jungen Jahren lernen wir, dass man den Körper verbergen muss, denn nackte Körper sind erotische Körper. Natürlich sagen die Erwachsenen uns das nicht in genau diesen Worten. Sie reden überhaupt nicht viel über den Körper, und das kommuniziert ihre gesamte Sichtweise weit besser als Worte.

Wir lernen auch schon früh, ob wir brav oder unartig, dünn oder dick, niedlich oder nicht niedlich sind. Wir lernen, uns anzuziehen und uns zu benehmen. Sitz still, fass das nicht an, das ist schmutzig, halt den Mund. Wir lernen auch zu essen. Was auf dem Teller ist, wird gegessen: «Das rührst du nicht an, dies ist gut für dich, warte bis zum Abendessen». Wir lernen, dass ein kranker Körper Aufmerksamkeit erhält oder Bestrafung entgeht. Bei manchen taugt der Körper gut zum Sport, bei anderen nicht so toll. Einige Körper eignen sich gut, einen Partner anzuziehen, andere nicht so toll.

Wir lernen, dass der Körper ein Objekt ist, das schön sein sollte, es aber manchmal nicht ist. Wir lernen, dass wir schlecht riechen, dass unser Haar ungekämmt ist, dass unsere Taille zu fett oder unser Busen zu klein ist. Unsere bedauernswerte Haut ist entweder zu trocken oder zu ölig, vielleicht gar beides. Und sie braucht Sonnenbräune, wenn sie weiß ist, und es braucht ein Wunder, damit sie weiß werden könnte, wenn sie schwarz ist.

Wir mögen das Glück haben, ein niedliches Kind zu sein, aber mit der Pubertät werden wir linkisch. Aus dieser Periode gehen wir über in eine kurze Weile jugendlicher Schönheit, um bald darauf eine lange, unaufhaltsame Talfahrt zu beginnen, hin zu einer Vogelscheuche in mittleren Jahren und schließlich zu einer alten Schachtel mit Tränensäcken und Falten.

Von uns wird erwartet, dass wir unsere körperlichen Triebe und Gelüste in der Jugend, wenn wir noch die Energie hätten, sie auszuleben, im Zaum halten. Und doch sollen wir als Ausdruck unseres Selbstwertgefühls mit eben diesen Trieben glänzen, wenn wir in späteren Jahren mit anderen Dingen beschäftigt und ausgelaugt sind. Sex wird verlangt und gefürchtet. Alle Welt spricht davon, und doch ist Sex tabu. Während unseres ganzen Lebens wird er gegängelt, rationiert und bemessen. Genauso wie das Essen. Genauso wie Alkohol und Drogen.

Na, wenigstens steht es uns frei, uns mit so viel Koffein voll zu pumpen, wie wir wollen.

Gibt es die Chakren, oder gibt es sie nicht?

Eine der Kuriositäten, denen wir bei der Erkundung des Körpers begegnen, ist die Vorstellung von den Chakren. Dieses System von Energiezentren in unserem Körper spukt in unserer Kultur herum, seit Madame Blavatsky 1875 die Theosophische Gesellschaft gründete und damit begann, solche Ideen zu propagieren. Viel von dem gedanklichen Hintergrund stammt aus dem Hinduismus und aus verschiedenen Yoga-Philosophien. Die Chakralogie explodierte dann so richtig, als in den sechziger und siebziger Jahren östliche Religionen und Meditationslehren massiv in die westliche Kultur einströmten.

Die populäre Vorstellung von den Chakren läuft darauf hinaus, dass es sich dabei um Energiezentren handelt, die zwar nicht physisch sind, die aber zumeist auf die physische Erscheinung des Menschen bezogen werden. Es gibt da viele Varianten, aber die meisten Systeme stimmen darin überein, dass es ein sexuelles Zentrum im Bereich der Genitalien, einen Solarplexus in der Gegend des Nabels, ein Herzzentrum, ein Kehlzentrum und das Zentrum des dritten Auges in der Mitte der Stirn gibt. Einige Systeme fügen dem ein weiteres Energiezentrum am unteren Ende der Wirbelsäule hinzu sowie eine phantastisch glückselige Lichterscheinung in der Form eines tausendblättrigen Lotos, der spektakulär am Scheitel oder ein wenig über dem Scheitel schwebt.

Die meisten Menschen können leicht ein Gefühl für zumindest einige dieser Zentren bekommen. Unterschiedliche Empfindungen scheinen aufzutreten, wenn wir unsere Aufmerksamkeit auf verschiedene Körperregionen konzentrieren. Wenn wir einen zornigen Menschen treffen und uns das auf den Magen schlägt, so ist das sicherlich ein anderes Gefühl, als wenn wir einem netten Menschen begegnen, der uns das Herz wärmt. In den Händen eines geschickten spirituellen Trainers können diese gewöhnlichen Gefühle in ein System des «Denkens über» solche Erfahrungen verwandelt werden, und bald fangen wir an, über Chakren zu reden, als wären sie greifbar vorhanden.

Wir können auf die Chakren meditieren. Wir können chanten und die Chakren visualisieren. Wir können Bücher über die Chakren lesen. Wir können von Menschen erfahren, die aufgrund ihrer Chakren gesund wurden oder nicht. Und gewiss kennen wir Leute, die in dem einen oder anderen Chakra feststecken, die stets zornig sind, geil oder unablässig einen leicht irren Blick draufhaben, weil sie sich zu viel mit diesem Drittes-Auge-Kram beschäftigen.

Aber gibt es die Chakren wirklich oder nicht?

Haben wir wirklich Erfahrungen, die sich an einem bestimmten Ort lokalisieren lassen? Gibt es ein Herz-Chakra, das in einer Art kosmischer Isolation vom Rest der Menschheit vibriert?

Oder brauchen wir einfach eine Story, welche die Wirklichkeit unserer Erfahrung erklärt? Eine Geschichte, nach der eine Welt, die uns chaotisch und akausal vorkommt, mit Ursache und Wirkung ausgestattet wird? Unsere unmittelbare Erfahrung verleiht dieser Chakra-Geschichte eine gewisse Glaubwürdigkeit, und doch ist die gesamte Geschichte ausgeschmückt und zu einem Märchen versponnen, das uns vom unmittelbaren Kontakt entfernt und uns wie durch Zauberei in das Land des Glaubens transportiert. Hier sind wir sicher vor dem Chaos, weil man uns zwar ein wenig plausibles, aber immerhin doch irgendwie anheimelndes System zur Erklärung unserer Erfahrungen an die Hand gibt.

Chakra-Storys werden uns von Experten erzählt. Das sind Leute, welche über die Aura des Wissens verfügen, wie diese Energien funktionieren.

Sie lehren uns.

Wir lernen.

Sie reden.
Wir hören zu.
Und wir bezahlen sie dafür.

Diese Energieexperten haben sich im Laufe der Jahre nur sehr wenig verändert. Wo einst exotische Swamis, Yogis und östliche Transzendentalisten Hof hielten, regieren heute stromlinienförmig verpackte mediale Heiler, sensitive Psychiater und New-Age-Neoschamanen.

Man lehrt uns nicht, *wie* wir Erfahrungen machen können, sondern *was* wir erfahren sollen und *wo* wir es erfahren sollen. Wir haben eine neue Sprache erlernt, einen neuen Satz von Begriffen, eine neue Methode der Interpretation.

Und wieder einmal haben wir uns von der Wirklichkeit abgetrennt.

EXPERIMENT: Finden wir doch heraus, was es mit diesen Chakren auf sich hat. Schließen Sie die Augen und lenken Sie Ihre Aufmerksamkeit auf Ihren Atem. Wenn Sie dadurch, dass Sie Ihren Atem «beobachtet» haben, wie er ein- und ausströmt, ausreichend Konzentration entwickelt haben, lenken Sie Ihre Aufmerksamkeit auf die unterste Region Ihres Rumpfes, wo Sie eine gewisse Empfindung einer geballten oder erstarrten Energie vorfinden können.

Halten Sie Ihre Aufmerksamkeit dort, und bemerken Sie die Qualitäten, die sich dort einzustellen scheinen, sowohl in der reinen Empfindung als auch in Gefühlen oder Emotionen sowie in Gedanken, Erinnerungen oder Vorstellungen.

Nun finden Sie das «nächsthöhere» Energiezentrum. Erkunden Sie es auf dieselbe Weise. Gehen Sie im Körper weiter «aufwärts». An einem bestimmten Punkt wird Ihnen der Körper ausgehen, und dann sind Sie fertig mit der Erkundung der Chakren.

Vielleicht finden Sie drei Bereiche, in denen sich etwas anzusammeln scheint, vielleicht finden Sie sieben, vielleicht auch gar keine. Vielleicht bemerken Sie verschiedene allgemeine Qualitäten in diesen Bereichen. Vielleicht auch nicht. Vielleicht bemerken Sie ein Gefühl des Fließens, während Ihr Geist und das, was er untersucht, von Zentrum zu Zentrum fortschreitet. Vielleicht erfahren Sie auch etwas, das sich wie eine Freisetzung von Energie anfühlt, eine Lockerung von Muskelspannung, mentaler Spannung, eine Aktivierung von Erinnerungen. Vielleicht erfahren Sie tiefe Gefühle der Angst oder der Seligkeit. Vielleicht ist Ihnen auch einfach langweilig, Sie spüren, dass Ihnen die Knie wehtun und Sie das Bedürfnis haben, endlich mit dem, was Sie noch zu tun haben, voranzukommen.
Können Sie die Wirklichkeit von dem sehen, was da ist? Ist da überhaupt etwas?

EXPERIMENT: *Lesen Sie ein Buch über Chakren. Setzen Sie sich hin, konzentrieren Sie sich und lenken Sie Ihre Aufmerksamkeit auf die in dem Buch beschriebenen Bereiche. Sehen Sie das, was in dem Buch beschrieben wird, in diesem Bereich in Ihrem Körper?*
Geben Sie sich mehr Mühe.
Sehen Sie es jetzt? Gut. Ist das nicht sehr interessant?

EXPERIMENT: *Versuchen Sie die Gefühle, die in Beziehung zu Ihrem Leben auftreten, zu untersuchen, statt auf sie zu reagieren. Es mag sein, dass Sie oft Menschen begegnen und deren «Energie» erfahren. Sie können zum Beispiel einem wütenden Menschen begegnen und das Gefühl haben, dass Ihr Magen sich zusammenzieht, oder Sie sprechen mit einem wundervollen Freund, der Ihr Herz weiter werden lässt.*

Wenn so etwas geschieht, dann bemerken Sie, wo die Erfahrung lokalisiert zu sein scheint, wo Sie sie fühlen. Warum kommt es in diesem Zusammenhang gerade zu dieser bestimmten Erfahrung? Wann hat die Qualität, die Sie erfahren, angefangen, und wann hat sie aufgehört? Wird sie Ihnen von der Person, der Sie begegnen, übertragen? Ist die Erfahrung in Ihnen beiden lokalisiert? Geschieht da nur eine Sache, die Sie irgendwie gemeinsam erfahren? Wir hegen oft konstruierte Geschichten darüber, wie wir diese Qualitäten miteinander erfahren, und wir erforschen niemals ihre Wirklichkeit. Wir neigen dazu, das, was in unserem Erfahrungsbereich geschieht, in Begriffen von Subjekt und Objekt zu erklären (zum Beispiel: «Ich habe Robert getroffen, und er hat mich wirklich wütend gemacht»). Versuchen Sie als Experiment einmal, diese Begegnungen und die Veränderungen der Gefühle ohne all die Erklärungen zu untersuchen, wie Sie sie gewöhnlich mit sich herumtragen.

EXPERIMENT: *Setzen Sie sich hin und erkunden Sie die Energiezentren Ihres Körpers. Dabei spielt es keine Rolle, ob Sie unmittelbar erfahren, was da ist, oder ob Sie durch die Darstellung in einem Buch oder unter Führung eines Lehrers zu der Erfahrung kommen. Wenn Sie ein Körperzentrum finden, dann achten Sie auf dessen Qualitäten. Können Sie nun herausfinden, wo derjenige lokalisiert ist, der diese Qualitäten betrachtet? Wer erkundet die Zentren, und wo lässt sich der Betrachter lokalisieren – in dem betreffenden Energiezentrum oder außerhalb? Wenn Sie den Betrachter beziehungsweise den Standpunkt finden, dann achten Sie auf diesen. Was sind dessen Qualitäten? Und wo ist jetzt der Betrachter, der diesen Standpunkt ansieht? Fahren Sie mit der Erkundung fort, bis Sie den Kontext entdeckt haben, der die*

Chakren betrachtet, den Kontext, der alles und jedes betrachtet. Schauen Sie, ob Sie sich selbst, den Betrachter, an einer bestimmten Stelle finden können.
Wenn die Chakren nicht der Beobachter sind und sich der Betrachter nirgendwo lokalisieren lässt, was sind dann die Chakren? Wem gehören sie? Gibt es sie wirklich?

Der Körper als Wirklichkeit

> *Jedes Weltbild ist und bleibt immer ein Konstrukt des Geistes, und es ist nicht zu beweisen, dass es irgendeine andere Existenz hätte.*
> Erwin Schrödinger

Die Wirklichkeit des Körpers ist, dass er nicht ist.

Unsere kulturelle Perspektive ist so besessen vom Prozess des Denkens in Kategorien von entweder-oder, dass sie einen Körper und einen Geist verlangt. Aber so etwas gibt es nicht. Der Körper und der Geist existieren nicht getrennt voneinander, sie sind unauflöslich eins – nicht nur miteinander, sondern mit allem.

Wir können unseren Körper gedanklich erfahren, als Biologie, als Physiologie, als Ich. Wir können ihn sensorisch erfahren als Hitze, Kälte, Schmerz, Lust. Wir können ihn energetisch erfahren als vital, müde, kompakt, durchlässig. Es gibt viele verschiedene Weisen, den Körper zu erfahren.

Doch nie lässt sich der Körper in Wirklichkeit erfahren.

Es gibt keinen Körper, mit dem wir in Kontakt treten könnten, genauso wie es niemanden gibt, der diesen Kontakt herstellen könnte.

Wenn die Geist-Körper-Dichotomie zusammenbricht, dann geschieht in Wirklichkeit nur ein Ding, und dieses eine Ding ist weder Subjekt noch Objekt. Die Wirklichkeit ist ohne das Denken, welches die Welt aufspaltet, und ohne die Welt, welche das Denken verkörpert. Die Wirklichkeit ist einheitlich.

Dieser Quantenkörper, das nichtduale Zusammenfließen von allem, was in jedem Moment existiert, ist die Grundlage der Realität, in der sich unser Leben abspielt. Er ist von nichts abgetrennt, außer in der Individuation, die das begriffliche Denken mit sich bringt.

Dieser begriffliche Bezugsrahmen, mit Hilfe dessen wir uns in der Totalität zurechtfinden, ist der Schöpfer des Körpers und der Ursprung von Alterung, Krankheiten und schließlich des Todes. Das Denken erschafft den Körper und den Geist. Das Denken erzeugt die Spannung der Trennung. Das Denken ist die Wurzel von Krankheit und Tod.

Ohne die vom Denken erzeugte Trennung, ohne die Schöpfung von «mir» und «meinem Körper» – kann es da Krankheit oder Tod geben? Wer ist krank? Wer stirbt?

Was passiert, wenn wir nicht mehr Geisel der vom Denken hervorgebrachten Vorstellungen von Dualität sind und das Leben ohne Hindernis in uns fließt?

Atmen wir.

Lassen Sie zu, dass das Leben Sie atmet, und finden Sie es heraus.

Lernen zu atmen? – Ich atme doch schon

Es besteht ein interessanter Zusammenhang zwischen unserem Atem und unserem Bewusstseinszustand. Das wird offenkundig, wenn wir sitzen und auf unseren Atem achten. Die bloße Achtsamkeit auf den Atem bringt schon eine unmittelbare Entspannungsreaktion mit sich. Der Körper lässt dann leichter Spannungen los, und damit wird unser Atem tiefer. Manche Meditationsmethoden lehren Achtsamkeit mit Hilfe des Atems, indem sie Übende anleiten, auf die sanfte Empfindung zu achten, die der Atemfluss an der Nasenspitze hervorruft.

Diese Übung führt zu einer Konzentration des Geistes und sie kultiviert ein Gefühl der Bewusstheit. Es wird auch deutlich, dass unser Geist schon nach einer kurzen Zeit der «Beobachtung» des Atems unablässig nach Zerstreuung sucht. Wieder und wieder wird die Aufmerksamkeit vom Atem zu Gedanken, Phantasien und Erinnerungen abschweifen. Wieder und wieder können wir unsere Aufmerksamkeit zur Empfindung des Atems zurückbringen.

Nachdem sie dies eine Weile geübt haben, fühlen die meisten Menschen sich gesammelter, aufmerksamer und entspannter. Das ist eine einfache Methode, mit Ihrem eigenen Geist-Körper-Prozess zu experimentieren, weder schwierig noch gefährlich.

Es gibt Dutzende von Systemen der Lehren über den Atem. Diese Systeme behaupten von sich, so ziemlich alles sei durch sie erreichbar, von der Auflösung von Kindheitstraumata bis hin zur Herbeiführung von kosmischem Bewusstsein.

Es scheint eine Beziehung zwischen dem Atem und dem Denken zu geben. Aber es gibt auch eine Beziehung zwischen dem Denken und dem Atem.

Wenn wir uns dazu bringen, anders zu atmen, so verändert das die Weise, wie wir denken. Aber gleichzeitig üben wir uns darin, auf eine neue Weise zu denken, und dieses neue Denken verändert die Weise, wie wir atmen. Haben wir uns nun befreit oder haben wir nur eine neue Konditionierung übernommen?

Wir haben noch nicht herausgefunden, wer wir sind, und

doch sind wir bereit, uns zu etwas Besserem verändern zu wollen. Wir werden lernen, besser zu atmen, sodass wir dann auch besser sein werden. Müssen wir denn erst lernen zu atmen, oder ist die Weise, wie wir bereits atmen, einfach der Ausdruck dessen, was wir sind?

Müssen wir uns umschulen – und was ist es, zu dem wir uns schulen wollen? Wenn wir die Wirklichkeit suchen, ist dann nicht unser Atem, so wie er ist, die Wirklichkeit, die wir suchen? Müssen wir atmen lernen, oder atmen wir bereits?

Was ist der Atem? Was geschieht tatsächlich, wenn wir atmen? Was ist Atmen, wenn wir atmen, ohne den Versuch zu machen, das, was geschieht, zu verändern, zu zügeln, zu verbessern oder auch nur zu verstehen, was vor sich geht? Diese Erkundung lässt sich nicht systematisieren und sie kann nicht gelehrt werden. Sie erwächst aus der Intensität, mit der jeder Einzelne sich darum bemüht, die Natur des Lebens zu erforschen.

Das Allererste, was wir im Leben tun, ist atmen. Niemand hat uns gesagt, wie und warum wir das tun sollen. Doch seitdem hat man uns in jeder nur erdenklichen Weise dazu konditioniert, eine Erfahrung unseres Lebens aus zweiter Hand zu haben.

Man hat uns sogar gesagt, wie wir atmen sollen.
Wir brauchen nicht zu lernen, wie man atmet.
Wir atmen bereits.
Atmen Sie!

Die Erforschung des Atems und der Bewusstseinszustände

Ohne die Bürde der Vorstellungen über Körper, Geist und Atem können wir nun beginnen, die Wirklichkeit unserer Erfahrung zu erkunden.

EXPERIMENT: Atmen Sie. Achten Sie nur auf den Atem. Welche Eigenschaften tauchen in dem Augenblick auf, in dem Sie beginnen einzuatmen beziehungsweise den Atem auszustoßen? Wie beeinflussen diese Eigenschaften den Atem selbst? Verändert sich dies, wenn Sie darauf achten?

EXPERIMENT: Atmen Sie. Achten Sie nur auf den Atem. Machen Sie an dem Punkt, wo der Einatem in Ausatem und der Ausatem in Einatem übergeht, eine Pause. Was geschieht während dieser Pausen? Welche Eigenschaften treten auf, wenn der Atem eine Weile aussetzt?

EXPERIMENT: Atmen Sie schneller und achten Sie auf die Eigenschaften, die auftauchen, wenn der Atemrhythmus beschleunigt wird. Registrieren Sie Gefühle, Gedanken und Bilder, die vielleicht auftauchen. Sie finden vielleicht, dass eine Erinnerung an ebendiese Aspekte Ihres Geistes zu einer Beschleunigung Ihres Atemrhythmus führen kann. Wenn Sie sich zum Beispiel ein schreckliches Ungeheuer vorstellen, neigen Sie dazu, schneller zu atmen.
Versuchen Sie langsamer zu atmen als normal. Achten Sie wieder auf die Aspekte Ihres Geistes, die auftauchen, wenn der Atem verlangsamt wird. Versuchen Sie die Gefühle, Gedanken und Bilder hervorzurufen, die auftreten, wenn Ihre Atmung sich verlangsamt, und sehen Sie, ob das Ihren Atemrhythmus verlangsamt.

Experiment: Beobachten Sie im Verlauf Ihres Alltags die Beziehung zwischen Ihrer Atmung und den Bewusstseinszuständen, die Sie erfahren. Erzeugt der Geist den Atem, oder erzeugt der Atem den Geist? Atmet der Atem das Denken, oder denkt das Denken den Atem? Sind Atem und Geist zwei verschiedene Dinge oder eine einzige Sache?

Experiment: Atmen Sie. Nun achten Sie auf den Atem. Finden Sie jetzt den Punkt, von dem aus der Atem beobachtet wird. Ist das Gewahrsein im Atem oder außerhalb des Atems? Und was ist mit dem Kontext, in dem das Atmen stattfindet?

Wirklichkeitsmeditation ganz mühelos

vgl. Thich Nath Hanh

> *Für einen Menschen, der sich durch seine Tätigkeit völlig von sich selbst hat wegführen lassen, ist nichts schwieriger, als stillzusitzen und Ruhe zu geben, überhaupt nichts zu tun. Der Akt des Stillhaltens selbst ist die schwierigste und mutigste Handlung, die ein solcher Mensch ausführen kann; und oft geht sie weit über seine Kräfte hinaus.*
> *Wir müssen erst wieder von uns selbst Besitz ergreifen, bevor wir weise handeln oder irgendeine Erfahrung in ihrer menschlichen Wirklichkeit schmecken können. Solange wir uns selbst nicht besitzen, ist all unser Handeln müßig.*
> Thomas Merton:
> Keiner ist eine Insel

Es ist schwer, nichts zu tun

In jedem Moment des Seins, in dem wir mental nicht tätig sind, in dem wir nicht nach irgendetwas greifen, erfahren wir eine tiefe Verbundenheit mit dem Leben um uns herum.

Dies ist die Verbundenheit, von der wir behaupten, dass wir sie suchen.

Aber offenbar können wir nicht lange genug innehalten, um nichts zu tun. Wir stehen unter einem Zwang, ständig etwas zu tun.

Warum ist es so schwer, nichts zu tun? Selbst wenn wir uns vorgenommen haben, nichts zu tun, tun wir dieses Nichttun mit großem Eifer, mit Elan und hingebungsvoller Ernsthaftigkeit. Wir arbeiten hart, wir spielen hart, und was die Spiritualität angeht, arbeiten wir hart daran, nichts zu tun.

So sind wir nun einmal. Wären wir nicht die hart rangehenden Typen, die wir offensichtlich sind, dann wären wir aus dem evolutionären Rennen vielleicht nie als Homo supremo hervorgegangen. Wir hätten die Natur nicht erobert – sie abgeholzt, vernichtet, verbrannt, umgegraben oder zementiert. Als Zivilisation hätten wir niemals das Zeitalter der Vernunft hervorgebracht, die Renaissance, das Zeitalter der Raumfahrt, genauso wenig das dunkle Mittelalter, die Inquisition oder das New Age. Wir hätten niemals Dinge wie Gleitzinshypotheken, panzerbrechende Geschosse, verdrängte Erinnerungen und Anrufbeantworter erfunden. Wären wir nicht so aggressiv, wie wir sind, dann hätte irgendeine andere Spezies die Oberhand, die Welt würde von Feuerameisen oder Hyänen beherrscht.

Wir tun es, weil schließlich irgendjemand es tun muss, und wir tun es nun mal am besten.

Das beherrschende kulturelle Paradigma, das aus all der ungezügelten Aggression entsteht, ist, natürlich, die amerikanische Kultur. Bei der amerikanischen Kultur geht es nicht wirklich bloß um Demokratie, freie Marktwirtschaft oder Freiheit. Sie ist, das wird kaum überraschen, die Kultur der aggressiven Erfolgstypen, und ihre Botschaft ist: Verbrauche oder werde verbraucht. Wir Amerikaner haben so gut wie jedes Land, mit dem wir es zu tun hatten, zur Schnecke gemacht, und wo wir ein Land nicht in die Tasche stecken konnten, haben wir es mit riesigen Investitionen und Krediten des Internationalen Währungsfonds von uns abhängig gemacht. Wir haben der Welt Coca-Cola und Big Macs, CNN und MTV, Madonna und Michael Jackson verkauft. Sie haben gar nicht gemerkt, wie ihnen dieses Zeug den Todesstoß versetzte – so gut haben wir dieses Spiel drauf.

Unsere Botschaft ist simpel, und sie verkauft sich gut: Tu es einfach. Tu was? Na *es*! Tu es einfach.

Tu es einfach. Mach hin. Tu etwas.

Just do it – dies ist das Mantra des Konsumzeitalters. Tu es. Warte nicht. Und bloß nichts verpassen. Sei doch nicht blöd. Sei nicht uncool. Sei nicht arm. Sei nicht verwirrt. Fühle nichts. Sei nicht. Mach. Tu. Tu es.

Und wir glauben es. Wir tun es.

Und dann hören wir eines Tages von etwas, das uns zutiefst verstört, von etwas, bei dem es ums Sein und nicht ums Tun geht.

Mitten in der Kakophonie der Sound-Bites, Nachrichtenfetzen und Werbespots bemerken wir eine kurze Lücke im unabläßigen Fluss des Tuns. Es ist der Soundtrack aus dem Alptraum der Medienmogule.

Was wir hören ist leerer Raum.

Wir hören, was wir eigentlich niemals hören sollten. Wir hören nichts.

Wir hören die Abwesenheit des Hypes, der Informationsüberflutung, der Aufforderung zum Konsum. Der kulturelle Kontext fällt für einen Moment weg, und für einen Augenblick sind wir absolut still. Das ist der Hammer. Und, noch besser, es kostet nichts.

Dann beginnt der Lärm wieder, aber diesmal hören wir jene Lücke der Stille nach jedem Sound-Bite. Wir hören eine andere Botschaft. Sei einfach.

Sei einfach. Sei. Sei.

Tu es einfach. Sei einfach. Tu. Sei. Tu. Sei.

Etwas sehr Interessantes beginnt zu geschehen. Wir dachten, es sei schwer, nichts zu tun, aber jetzt haben wir entdeckt, dass das «Tun» löchrig ist und dass «Sein» in die Löcher eindringt.

Unsere Verfassung ist, zu tun; unsere Natur ist, zu sein. Unsere Geschichte ist Tun, unsere Gegenwart ist Nichtstun.

Unsere Kultur sagt: Konsumiere! Unsere Verbundenheit sagt: Teile!

Nichtstun – gar nicht so schwer zu tun.

Sei es einfach.

EXPERIMENT: Medienmeditation: Erforschen Sie Ihren eigenen kulturellen Kontext, wie ein Anthropologe vom Planeten Zygon es tun würde.

Sehen Sie fern, hören Sie Radio, lesen Sie die Zeitung, ohne sich in den Inhalt oder das Medium selbst hineinziehen zu lassen.

Da diese Medien als Vehikel für Unterhaltung und Information darauf zugeschnitten sind, Sie abzulenken, besteht die erste Meditation darin, dass Sie auf die Form achten, ohne sich um den Inhalt zu kümmern.

Bekommen Sie mit, wie die Kameraperspektive im Fernsehen alle fünf Sekunden wechselt, merken Sie, wie Ihre Augen auf einer Zeitschriftenseite umherwandern und die tragischen Überschriften und die Kosmetikwerbung mit einem Blick aufnehmen? Hören Sie das hypnotische Dröhnen des Radios? Was ist die Wirkung dieser verschiedenen medialen Formen auf Sie? Welche Eigenschaften werden als Reaktion auf das Medium selbst in Ihrem Geist hervorgerufen?

Jetzt beachten Sie den Inhalt, ohne auf die Form zu achten, in der er geliefert wird. Bemerken Sie die Dringlichkeit, mit der all das dargestellt wird, von den Katastrophenmeldungen bis hin zum Waschmittelsonderangebot. Passiert überhaupt irgendwo etwas Gutes, oder gibt es da draußen nur Tod, Katastrophen und Zerstörung ... und eine ganze Menge Sex? Bemerken Sie, wie irgendwelche Gelüste auftauchen, etwa der plötzliche Wunsch, eine Pizza zu bestellen, oder wie es Sie juckt, zu einem Einkaufsbummel in die Stadt zu fahren?

Schalten Sie den Ton ab und sehen Sie fern ohne Ton. Ist die Natur des Mediums klarer, wenn nur eine Sache abläuft?
Jetzt schalten Sie den Ton und das Bild ab. Ist die Natur des Mediums klarer, wenn überhaupt nichts passiert?

Die Suche nach einer Lösung ist das Problem

Wenn wir der Sache auf den Grund gehen, dann besteht unser Problem darin, dass wir nach einer Lösung für unser Problem suchen.

Wir wissen, dass wir ein Problem haben.

Wir sind unzufrieden mit unserem Leben.

Wir suchen nach einer Lösung. Man hat uns gesagt, dass es eine gibt.

Lösungen funktionieren nicht. Die Meditationen, die Drogen, die spirituellen Trips, die Religionen. *Nada*.

Das liegt daran, dass die Unzufriedenheit das Problem ist.

Die Unzufriedenheit ist ein Symptom.

Das Problem ist der Suchende.

Das Problem ist das «Ich», das sich gut fühlen will, das die Kontrolle haben will, das eine Besänftigung der Angst sucht, Angst davor, dass es – das «Ich» – nicht existiert.

Die Angst ist ein Symptom.

Tatsache ist, dass es dem «Ich» nicht besser gehen kann, weil das «Ich» nicht existiert.

Außerhalb seiner eigenen Machwerke gibt es kein «Ich». Es gibt kein «Ich» außerhalb seiner eigenen Unzufriedenheit, seiner eigenen Angst, seiner eigenen Suche nach einer Lösung für das «Ich».

Nach einer Lösung zu suchen ist das Problem, weil das «Ich», das sucht, das Problem ist.

Dieses Problem existiert gar nicht.

Wir alle wissen, dass wir dieses Problem haben.
Ein Problem, das es nicht gibt.

Das Ende des spirituellen Suchers

Wenn es kein Problem gibt, wonach suchen wir dann? Wenn es kein Problem gibt außer der Konstruktion eines «Ich» durch das Denken, eines «Ich», das außerhalb dieser mentalen Welt keine Existenz an sich besitzt, wozu suchen wir dann?

Ist das Suchen zu einer Gewohnheit geworden, zu einer Sucht, die unseren gedanklichen Raum mit einem Gefühl von Sinn und Zweck ausfüllt? Kann dieser dauernde Drang, über das Offensichtliche, das Konkrete, die Wirklichkeit hinauszugehen, hinein in die Projektion einer Hoffnung, uns denn je etwas anderes bescheren als noch mehr vom selben Drang?

Spiritualität ist eine soziale Konstruktion, eine Übereinkunft, die Welt auf eine bestimmte Weise zu betrachten und sich in ihr auf bestimmte Weise zu verhalten. Der spirituelle Sucher ist der Grundstein dieser Konstruktion. Ohne die Suche löst sich Spiritualität auf in die absolute Stille der Wirklichkeit. Ohne den Suchenden gibt es keine Suche, gibt es keine Spiritualität, gibt es kein Zentrum – gibt es einfach nur die Bewegung des Lebens. Und genau dies ist es, wonach der spirituelle Sucher ja schließlich suchen soll. Aber gerade die Suche, der Suchende, steht dem im Wege.

Dieser dünne Schleier der Illusion wird aufrechterhalten durch das Bemühen, ihn zu durchdringen.

In der Wirklichkeit gibt es keine Spiritualität.

Sechs Experimente in Meditation

1. Begeben Sie sich in ein Zimmer und kommen Sie einen Tag lang nicht heraus. Tun Sie in diesem Zimmer nichts.
2. Achten Sie für einige Momente auf Ihre Gedanken. Denken Sie auf keinen Fall an leuchtend rote Rosen.
3. Achten Sie für einige Momente auf Ihre Gedanken. Denken Sie an gar nichts.
4. Spüren Sie Ihren Körper, von den Zehen an aufwärts durch den ganzen Körper. Kommt Ihre Erfahrung von einem bestimmten Ort im Körper? Wo ist der Ort, von dem aus Sie erfahren? Lokalisieren Sie diesen Ort und erfahren Sie ihn. Machen Sie weiter. Wo wohnt das Bewusstsein? Gibt es einen Ort, von dem aus wir erfahren, und wenn nicht, was ist es dann, das erfährt?
5. Seien Sie ohne Rücksicht auf die Konsequenzen vierundzwanzig Stunden lang zu jedem rückhaltlos ehrlich.
6. Denken Sie über Ihren eigenen Tod nach. Wenn Sie am Ende des heutigen Tages sterben würden, wie würden Sie diesen Tag dann verbringen? Am Ende dieser Stunde? Am Ende dieses Augenblicks?

Die Stille ausdehnen – ein Experiment in Dialogen

Was geschieht in einem Raum voller Menschen, die an das Ende der spirituellen Suche gelangt sind, die die Konsensrealität religiöser Glaubenssätze dekonstruiert haben und die hierarchische Strukturen über Bord geworfen haben?

Dieses Experiment wird derzeit in vielen Teilen der Welt durchgeführt. Es nimmt die Form von Dialogen an, die darauf ausgerichtet sind herauszufinden, ob Individuen ohne autoritäre Strukturen zusammensitzen und gemeinsam die

Natur des Geistes und des Bewusstseins erkunden können. Dialog geschieht an der vordersten Front des neuen menschlichen Paradigmas.

David Bohm, ein berühmter Physiker, begann mit Dialoggruppen zu experimentieren, nachdem er einige Jahre lang mit Jiddu Krishnamurti mit Dialogen unter vier Augen experimentiert hatte. David Bohms Dialoggruppen versuchten, Menschen zusammenzubringen, nicht auf der Grundlage eines gemeinsamen Glaubenssystems, sondern aus dem gemeinsamen Bedürfnis heraus, die Natur des Glaubens zu verstehen sowie die Natur des Dialogs selbst.

Eine Dialoggruppe wird gebildet, damit sie ihren eigenen Kontext erforschen kann, und zwar ohne eine bestimmte Themenvorgabe oder eine bestimmte Gestalt, aber mit der Absicht, tief in den diskursiv denkenden Geist hineinzuschauen sowie in die Stille, aus der dieser auftaucht. Da diese Gruppen im Allgemeinen unstrukturiert sind, wird die Gruppe selbst den inhärenten Druck entdecken, eine Führerschaft zu erzeugen, sowie die Tendenzen, gewisse Glaubensvorstellungen zu akzeptieren, die während des Dialogs selbst erzeugt werden. Die Vitalität des Gesprächs entstammt der Intensität jedes Teilnehmers und seiner Bereitschaft, die eigenen Ideen beiseite zu lassen und sich der Entdeckung von etwas ganz Neuem zu widmen. Einige Elemente eines solchen Dialogs sind vorhersehbar, andere sind eine Überraschung.

Es besteht die Tendenz, dass eine Gruppe zerfällt und ihre Ausrichtung verliert, wenn kein Agent da ist, der ihre Energien bündelt. Darum sind spirituelle Lehrer in solchen Gruppen die Norm. Oft haben die Teilnehmer mit dieser Tendenz zu wenig Geduld und erlauben es dem Chaos nicht, sich selbst zu erkunden. Wir sind von früher Kindheit an daraufhin konditioniert, einen auf einer Hierarchie basierenden Gruppenprozess zu erwarten, der ordentlich und effizient abläuft. Unordnung wurde immer schon als schlecht betrachtet; sie führte zu Bestrafung und wurde so schnell wie möglich ausgeräumt.

Doch in den hier gemeinten Dialogen geht es um die Wirklichkeit, nicht um den Prozess oder um ein Ergebnis. Wir entdecken, dass es keine offenkundigen Regeln gibt. Das ist an sich schon ein Schock für unser System. Aus der Abwesenheit von Regeln könnte Chaos entstehen.

Wir versuchen, unsere Ideen und Philosophien auf das Chaos anzuwenden. Aber diese sind durchsichtig, da die Gesprächsgruppe ein waches Interesse an der Wirklichkeit hat und sehr genau sieht, wann eine Vorstellung so tut, als sei sie Wirklichkeit. Gibt es Regeln, die nicht aus einem Glaubenssatz entstehen? Wenn es sie nicht gibt, dann wird eine Idee, die wir versuchen einzubringen, im Dialog nicht Fuß fassen können.

Manchmal reißen machtvolle Individuen das Gespräch an sich. Ob sie selbst über tiefe Einsichten verfügen oder völlig durcheinander sind, spielt hierbei keine Rolle. Ein Führer, so hat die Geschichte uns gezeigt, braucht nur zu führen. Die Gefolgsleute sammeln sich um ihn, egal wie destruktiv oder wie klar er ist. In einem Dialog sind diese Übernahmen kurzlebig, da auch sie durchsichtig sind.

Oft kommt eine Gruppe anfänglich zusammen, um den Dialog zu erkunden, und endet dann als Debattiergesellschaft oder Philosophenclub. Wir wissen wenig mit uns anzufangen, wenn wir nicht auf unseren gesammelten Theorien über das Leben herumreiten können. Wir sind zutiefst mit unseren Vorstellungen über das Leben identifiziert, und doch ist der Dialog die Aufdeckung dessen, was bleibt, wenn diese Vorstellungen dekonstruiert werden. Indem wir uns in unbekanntes Terrain vorwagen, werden wir zu einem Club der Forscher.

Manchmal ist eine Gesprächsgruppe nicht in der Lage,

ihren eigenen Sinn oder Zweck zu entdecken. Sie fällt in Selbstzweifel. Sie wird in einen Zustand des kollektiven Unbehagens abrutschen. Wenn wir nichts finden, kann es gut sein, dass wir den Dialog aufgeben und zu einer Debatte zurückkehren. Erleichtert finden wir nun endlich wieder einen Sinn. Und schon fühlen wir uns besser. Wir finden es beruhigend, alte Ideen zu wiederholen, die wir aufrühren, und fühlen uns auf festem Boden, wenn wir uns mit bereits Bekanntem beschäftigen. Wir haben vergessen, dass ein Dialog der Erkundung des Unbekannten gilt und er ein Ausdruck des Nichts ist.

Manchmal geschieht es, dass eine Gesprächsgruppe eine tiefe Stille entdeckt, in der es keine Spur von Trennung und kein Bedürfnis nach Erklärung gibt. Manchmal herrscht eine von konzentriertem Forschen erzeugte Atmosphäre vor, in der es knistert. Manchmal ist da auch ein Gefühl der Befreiung, welches durch das Chaos hervorgerufen wird. Und manchmal herrscht das Gelächter, welches das Spiel einer göttlichen Komödie begleitet.

Oft ist es so, dass eine Gesprächsgruppe durch ein Individuum zusammengehalten wird. Das sieht dann so aus, als hätten wir hier die Autoritätsfigur eines Lehrers vor uns. Diese Struktur kann direkt angesprochen werden, um sie zu klären: Dies ist es, was ich tue, und in diesem Tun ist keine implizite Autorität; außerdem kann diese Struktur sich jederzeit wandeln. Die Natur des Dialogs selbst führt automatisch dazu, dass alle Versuche, auf Macht basierende Beziehungen zu schaffen, sehr wachsam beobachtet werden. Projektionen und Reaktionen in Beziehung auf die Position eines Individuums, das die Gruppe zusammenhält, werden sorgsam überprüft.

Während die Gesprächsgruppe einerseits wachsam gegenüber der Erzeugung von Macht sein kann, könnte ein machtvolles Individuum andererseits sehr aufpassen, ob seiner eigenen Ausdrucksweise, selbst wenn sie etwas Dominantes hat, Einschränkungen auferlegt werden. Solche Einschränkungen könnten einer Vorstellung von Gleichmacherei entspringen.

Die gesamte Interaktion der Gruppe liegt offen zutage und kann deshalb untersucht werden. Die Wirklichkeit offenbart sich selbst.

Gut möglich, dass ein Dialog es vermag, unsere kollektive Intelligenz zu verkörpern und durch ihn die nichtindividualisierte Qualität des Lebens zum Ausdruck kommt. Er ist aber auch ein Experiment, das kläglich scheitern kann, weil der Dialog sich nicht vom konditionierten Bedürfnis nach der Sicherheit eines Glaubens und einer Autorität zu befreien vermag.

Für jene, die an einer solchen Erkundung teilnehmen, liegt ein Maßstab von Qualität in der Fähigkeit, ständig den anderen Gesprächsteilnehmern zugewandt zu bleiben und sich auf die Wirklichkeit dessen, was geschieht, zu sammeln. Vielleicht kann in einem solchen Zusammentreffen, in dem jede Person große Demut und Aufmerksamkeit an den Tag legt, das Trennende wegfallen, und etwas Neues kann auftauchen.

EXPERIMENT: Organisieren Sie eine Dialoggruppe in Ihrer Nähe. Es gibt keine Struktur und keine besonderen Regeln. Die Absicht besteht darin, die Wirklichkeit dessen, was wir sind, zu entdecken, und zwar unbeeinflusst von unserem Glauben und unseren Philosophien. Die Gruppe wird die Struktur des Denkens erforschen, die Natur des Bewusstseins, die Formen der Kommunikation, welche die Natur des Menschen ausmachen. Die Gesprächsthemen werden spontan auftauchen, ebenso das Schweigen. Alles wird genau betrachtet. Bleiben Sie füreinander offen, und bleiben Sie sich selbst treu.

Experiment: Begeben Sie sich mit der Gruppe auf spirituelle Exkursionen. Nehmen Sie an religiösen und spirituellen Aktivitäten, Vorträgen und Unterweisungen bekannter spiritueller Lehrer teil, und probieren Sie die von ihnen gelehrten Praktiken aus. Was ist die Wirklichkeit dieser Situationen, und was sind die dort erzeugten Erfahrungen? Laden Sie reisende Lehrer und deren Anhang zu einem Abend des Dialoges ein, an dem Sie deren Lehren erforschen. Achten Sie darauf, dass die Wände, welche die Dialoggruppe zu umgeben scheinen, durchlässig bleiben, sodass neues Leben einsickern kann und die Gruppe nicht in einer eigenen Form der Abgrenzung und des Inseldaseins versinkt. Untersuchen Sie Themen wie soziales Engagement, Politik, Erziehung und Psychologie.

Experiment: Wenn die Dialoggruppe engagiert und aktiv ist (bei vielen ist das nicht der Fall und sie brechen schnell auseinander), was kann man dann als Erweiterung des Dialogs zusammen unternehmen? Ergibt sich irgendeine Form kollektiven Handelns? Fördert die wechselseitige Erkundung das Entstehen einer bewussten Gemeinschaft oder einer Kooperative? Verlangt sie vielleicht nach sozialem Engagement oder Wohltätigkeit? Gibt es andere Formen des Dialogs oder der Kommunikation?

Experiment: Wenn eine Dialoggruppe aktiv bleibt, kann es dann zu einer tieferen, nonverbalen Form der Erkundung kommen? Was geschieht, wenn eine aktive Gruppe ans Ende der Worte gelangt? Was ist die Natur der Gruppenmeditation in dieser Stille?

Die Stille erkunden – Wirklichkeitsmeditation in der Gruppe

> *Kopf und Herz sind nicht getrennt*
> *Sitzen lädt dich ein*
> *Neu zu erfahren*
> *Alles als neu zu erfahren*
> *Indem du es (kein Ding) gut machst*
> Paul Reps: What It Is Like

Eine der besten Vorgehensweisen, um die Wirklichkeit zu erforschen, besteht – und das überrascht wohl kaum – im Schweigen. Diese Erkundung lässt sich individuell durchführen, kann aber auch in einer Gruppe Ausdruck finden.

Gruppenmeditationen enthalten das Potenzial zu großer Tiefe wie zu unbeschreiblichem Schwachsinn. Wir unterwerfen uns nur allzu leicht einer Gruppenpsychologie, in der wir uns alle darauf einigen, bestimmte Meditationserfahrungen zu machen, und dann machen wir sie auch. Doch was ist, wenn wir ohne jegliche Abmachungen in den Meditationsprozess eintreten? Was passiert dann?

Gruppenmeditationen bieten ebenso wie Dialoggruppen eine weite Bandbreite von möglichen Erfahrungen, vom Blödsinn bis zum Tiefsinn. Und wie in der Dialoggruppe geht es um die Erkundung der Gruppendynamik selbst, und die ist stets für große Überraschungen gut. Was ist die Wirklichkeit der meditativen Erfahrung in einer Gruppe von Menschen? Ist es dieselbe wie beim individuellen Sitzen, und wenn nicht, was ist der Unterschied? Werden die Qualitäten, die in der Meditation auftauchen, auf irgendeine Weise geteilt? Was lässt sich dabei ohne gegenseitige Abmachungen und ohne Glaubenssystem über kollektive meditative Erfahrungen herausfinden?

Meditation ohne Vorgaben setzt bei jedem Teilnehmer ein außerordentliches Maß an Leidenschaft voraus. Es gibt nichts, was erklärt, warum wir es tun. Es gibt keinen offensichtlichen Nutzen. Da wird kein System praktiziert. Es ist einfach das, was ist.

Wieder sehnen wir uns nach einem Führer, der uns den Weg zeigt. Wir verlangen nach einem systematischen Ansatz zum Umgang mit dem augenscheinlichen Chaos unserer Gedanken, Gefühle und Empfindungen. Wir wünschen uns eine Bestätigung unserer Erfahrungen und Einsichten.

So etwas lässt sich in hundert verschiedenen Meditationssystemen finden – aber *hier* nicht. Hier ist alles, was wir haben, die Wirklichkeit – miteinander.

Wenn wir dabeibleiben können, dann entdecken wir vielleicht eine völlig neue Dimension der Gruppendynamik. Wieder sind wir dabei, das Unbekannte zu erforschen.

Gemeinsam sitzen – dazu kann es nur kommen, wenn es nicht zwei oder drei oder viele gibt. Gemeinsames Sitzen geschieht, wenn da niemand sitzt. Wenn da jemand sitzt, wie das oft der Fall zu sein scheint, dann meditieren wir nicht mit anderen, sondern mit unserem Ich. Was ist dieses Ich? Warum wünscht es sich dazu die Gesellschaft von anderen?

Mit anderen zusammen zu sitzen, ohne das Ganze zu ritualisieren, ist eine große Herausforderung. Sitzen erfordert sonst nichts. Es gibt nichts zu lernen. Es gibt keinen Kontext, der besser wäre. Es gibt keine Haltung, kein Mantra, keine Atmung oder Visualisation zu erlernen.

Entwickelt sich in einer Gruppe ein Ritual, dann machen Sie es offensichtlich und erkunden Sie, was es ist.

Erkunden Sie Haltung, Mantra, Atmen und Visualisierung. Erforschen Sie das alles.

Zum Sitzen brauchen Sie nichts davon. Zum Sitzen brauchen Sie keine Erkundung. Zum Sitzen braucht es nicht einmal uns.

Experiment: Sitzen Sie still zusammen mit anderen, die ein tiefes Interesse an der Erforschung der Wirklichkeit verbindet. Wenn die Gruppe ihre Sammlung verliert, hören Sie auf. Dieser Punkt des Aufhörens ist im Allgemeinen unübersehbar und wird oft von viel Rascheln, Husten und Räuspern begleitet. Es kann danach einen Dialog über das geben, was aufgetreten ist, oder auch nicht.

Achten Sie während des Sitzens auf die Bewegungen des Geistes in Bezug auf die Gruppensituation, wie der Geist nach einem Kontext für unsere Erfahrungen in der Gruppe sucht. Beachten Sie die körperlichen Spannungen in Bezug auf andere Anwesende. Achten Sie, während sich das Sitzen vertieft, auf die sich verändernden Qualitäten sowohl in dem, was der persönliche Geist zu sein scheint, als auch in dem, was das kollektive Feld der Gruppe zu sein scheint. Bemerken Sie die Vertiefung selbst. Wo kommt sie her? Wenn sie sich verflüchtigt, wo geht sie hin? Was ist es, das all dieser Dinge gewahr ist? Ist es für jeden Teilnehmer dasselbe oder etwas anderes?

DRITTER TEIL

MEDITATION IM HERUMGEHEN UND DAS ALLTAGSLEBEN

Die Gedanken scheinen ihren eigenen Willen zu haben

> *Ich habe den Eindruck, dass Ereignisse in mir stattfinden, dass Dinge und Leidenschaften in mir toben und zusammenprallen; dass ich mich selbst beobachte und sehe, wie diese feindlichen Kräfte miteinander kämpfen und wie zuerst das eine, dann das andere die Oberhand gewinnt; ein Kampf, ein mentales Schlachtfeld, und dass das wahre Selbst dieses «Ich» ist, welches das «Mich» der Ereignisse und Konflikte betrachtet. Wie es scheint, bin ich nicht diese Leidenschaften, ich bin vielmehr der, der sieht, beobachtet, kommentiert, erwägt. Ich bin auch derjenige, der sich sehnlichst ein anderes Ich wünscht.*
> Eugène Ionesco: Fragmente eines Tagebuchs

Keine Lust mehr auf Zorn

> *Zorn ist ein kurzer Wahnsinn.*
> Vergil

Es gibt eine Sache, die selbst die Spirituellsten unter uns wirklich auf die Palme bringt. Trotz Jahren der Meditation, der Atemarbeit, der Therapie und der Visualisation gibt es etwas, das wir einfach nicht ausstehen können, und es sieht so aus, als könnten wir nichts daran ändern.

Diese Sache bringt uns so richtig in Fahrt, und wir sind drauf und dran, laut loszuschreien. Insgeheim würden wir dieses Ding gern ein für alle Mal umbringen und nie mehr damit zu tun haben.

Dieses eine Ding ist unsere Wut.

Die hat uns am sprichwörtlichen Schlafittchen. Wir glauben, wir seien cool, aber wir sind es nicht. Wenn der Zorn kommt, dann waren wir mal cool, aber jetzt brennen wir.

Wir versuchen, ihn zu kontrollieren, ihn in den Griff zu bekommen, ihn abzuschwächen und ihn zu verstehen, aber der Zorn bleibt immer wieder Sieger.

Wir unterdrücken ihn – er brennt uns ein Loch in die Magenwand, erhöht unseren Blutdruck, zerstört unser Herz.

Wir bringen ihn zum Ausdruck – wir schämen uns seiner, er zerstört unsere Beziehungen und ruiniert unsere Selbstachtung.

Wir tragen ihn zum Therapeuten. Wir verfolgen seine Geschichte durch unsere Familienverhältnisse und unsere Erfahrungen zurück. Wir schreien in Kissen. Doch wenn wir aus der Tür des Therapeuten treten, nehmen wir den Zorn mit. Wir haben es satt, wir sind verwirrt und ... zornig.

Wir besuchen damit einen Meditationskurs. Wir beobachten ihn. Zorn steigt auf, Zorn vergeht. Der Typ in der nächsten Reihe zappelt herum und schnieft. Mit einer Erkältung sollte er einfach nicht zur Meditation kommen. Wir konnten den sowieso nie leiden mit seiner überlegenen Attitüde, der so tut, als wüsste er alles besser, wo er doch offensichtlich gar nichts mitbekommt. Er verdient wirklich alle Verachtung, die wir für ihn aufbringen können. Moment mal, was ist los? Zorn steigt auf, Zorn vergeht.

Unser Partner liebt uns nicht genug. Unser Boss zahlt uns nicht genug. Die Gesellschaft weiß unsere Talente nicht zu schätzen. Kein Wunder, dass wir zornig sind.

Aber am meisten ärgern wir uns darüber, dass wir nichts gegen unseren Zorn tun können. Er überfällt uns immer wieder, und wir sind machtlos.

Es gibt nichts, was wir tun könnten.

Es gibt nichts, was wir tun könnten. Das ist Tatsache. Das ist auch unsere Befreiung.

Es gibt nichts, was der Zorn mehr hasst, als wenn wir nicht auf ihn reagieren. Angesichts unserer Nichtbeachtung spürt er, wie seine Macht schwindet. Er muss doch, verdammt noch mal, irgendeine Antwort bekommen – Reaktion, Schuld, Scham, irgendetwas. Wenn wir ihn nicht füttern, wird er uns noch wegsterben.

Was, wenn der Zorn einen Krieg anfinge und keiner würde hingehen? Was, wenn wir Pazifisten würden? Gandhi vertrieb die Briten aus Indien, indem er sie nicht bekämpfte. Was würde aus dem Zorn, wenn wir absolut nichts täten?

Frage: Soll ich denn etwa nichts tun, um diesen Konflikt zu beenden?
Antwort: Wer ist der Handelnde? Sie meinen, Sie müssten etwas tun. Sie haben diese eingeschliffene psychische Konditionierung, etwas zu tun, was immer es auch sein mag. Sie sind die ganze Zeit wütend auf Ihren Ehemann, weil er nie den Abwasch macht. Sie stellen ein Programm auf für das, was getan werden muss. Sie zählen bis zehn, bevor Sie zornig werden. Sie sagen Ihr Mantra. Sie meditieren am Morgen fünfzehn Minuten. Sie setzen sich hin mit Ihrem Ehemann und besprechen mit ihm Ihre Kindheitsprobleme. Das alles ist Dinge «tun».

Doch wer tut da etwas? Was ist dieses Ding, das versucht, sein Verhalten zu verbessern? Wo kommt die Tätigkeit wirklich her? Kommt die Tätigkeit nicht aus jenem Bündel von Erinnerungen, welches das Problem ist? Das Problem ist nicht, wie man richtig vorzugehen hat. Das Problem liegt darin, die Natur des Handelnden zu verstehen.

F: Es lässt sich also keine Lösung finden, indem man etwas tut, weil das nur die Fortsetzung derselben Sache wäre, vielleicht in abgewandelter Form.

A: Der Akt des Tuns ist eine Bewegung aus der Wirklichkeit heraus. Dabei projizieren wir eine Zukunft, in der die Dinge besser sein werden, und machen einen mentalen Plan, wie wir von hier, wo wir jetzt sind, zu einem Wunschziel gelangen können. Aber so funktioniert das Leben in der Wirklichkeit nicht. Das Leben folgt keinem Plan von «hier bin ich jetzt, und dort will ich hin». Das Leben ist, was es ist. Die Bewegung der Veränderung hin zu dem, was ich sein möchte, ist eine Bewegung weg von der Wirklichkeit, und genau aus diesem Grunde erfahren wir niemals, wo wir gerade sind. Wir können so noch nicht einmal die Natur des Problems verstehen. Wir sind viel zu sehr beschäftigt damit, mental zu projizieren, wohin wir gelangen wollen.

F: Was das Beispiel angeht mit «Mein Ehemann macht nie den Abwasch, also bin ich wütend» – was wäre dabei die Dynamik des Nichtstuns?

A: Was wäre, wenn Sie überhaupt nichts unternähmen?

F: Das würde dazu führen, dass ich den Abwasch schließlich immer allein machen muss.

A: Nein, das ist eine Tätigkeit. Ich bin in diesem Moment in meiner Küche. Ich koche vor Wut. Nichts wird getan. Was geschieht? Wenn es keine Tätigkeit gibt, bleibt nur der Zorn. Es gibt keinen Ehemann, kein Objekt des Zorns. Es gibt keine Kausalität, keine Schlussfolgerung «Weil er den Abwasch nicht macht, bin ich ärgerlich». Es gibt keinen Handelnden. Es gibt niemanden, der den Zorn hegt – das heißt, das «Ich» ist nicht vorhanden. Da ist nur Zorn.

Damit ist es nun möglich, die Natur des Zorns zu verstehen. Die Natur des Zorns ist nicht kausal. Er wird nicht vom

Ehemann verursacht. Und er kommt auch nicht aus mir, weil es ein «Ich» nicht gibt. Der Zorn kommt nicht aus meiner Kindheit. Er kommt nicht aus meiner Erfahrung. Zorn existiert einfach im Nichts, kommt aus dem Nichts – als Energie.

F: Aber es ist immer noch schmerzlich, der Erfahrende zu sein ...

A: Das müssten Sie erst einmal herausfinden. Die Reaktion auf den Zorn wird tatsächlich mental als Schmerz umgesetzt. Aber finden Sie das selbst unmittelbar heraus, indem Sie nichts tun, indem Sie keinen Ausweg aus der unmittelbaren Erfahrung von Zorn suchen, und sehen Sie, was seine Qualität ist. Tut er weh? Wenn der Zorn keinen Schöpfer oder Empfänger hat, dann hat er eine andere Qualität.

Natürlich müssen Sie in Kauf nehmen, dass der Abwasch nicht gemacht wird. Die meisten von uns sind ständig darauf aus, produktiv zu sein. Sie müssen bereit sein innezuhalten, den Abwasch nicht zu machen, überhaupt nichts zu machen und vielleicht einfach nur mit ihrem Zorn auf dem Küchenboden zu sitzen.

Aber nur wenige Menschen sind dazu bereit. Also geben sie ihrem Partner oder ihren Eltern die Schuld, machen eine unglückliche Kindheit oder den Stress am Arbeitsplatz dafür verantwortlich.

Experiment: Wenn Sie das nächste Mal zornig sind, lassen Sie sich nicht auf das Objekt Ihres Zorns ein (derjenige oder dasjenige, worüber Sie zornig sind), lassen Sie sich nicht einmal auf den Zorn ein (dieses ganze Getue von «sollte, sollte nicht, sollte so sein, sollte nicht so sein»). Sehen Sie stattdessen, ob Sie das «Ich» finden können, das zornig ist. Wer macht den Zorn?

EXPERIMENT: **Wenn Sie das nächste Mal zornig sind, achten Sie darauf, was körperlich mit dem Zorn einhergeht. Was geschieht mit Ihrer Atmung? Was geschieht mit Ihrem Puls? Was geschieht mit Ihrem Magen? Was geschieht mit Ihrer Körperhaltung und Ihren Muskeln? Und wer tut das alles? Können Sie irgendeine dieser körperlichen Reaktionen verändern? Wenn diese Bedingungen sich ändern, lässt sich Ihr Zorn dann noch aufrechthalten? Gibt es eine psychische Komponente des Physischen, eine physische Komponente des Psychischen, oder geschieht da nur eine einzige Sache?**

Wer hat Angst vor einem Leben ohne Angst?

> *Wo ein Mensch keine Antwort findet,
> da findet er Angst.*
> Norman Cousins

> *Die Sonne ...*
> *Wirft in düsterer Verfinsterung*
> *Ein unheilschwangeres Zwielicht*
> *Auf gut die Hälfte der Nationen*
> *Und schreckt die Herrscher*
> *Mit Angst vor der Veränderung.*
> John Milton

Wir werden in unserem Leben von Angst getrieben, weil wir getrieben sind vom Verlangen, unsere Umgebung einzuschätzen und vorherzusagen und auf der Grundlage dieses Wissens zu überleben. Für unsere Biologie ist die eigene Überlebensstrategie eine der wichtigsten Funktionen, und so warnt sie uns ständig vor potenzieller Gefahr. Wir benutzen das Werkzeug, das zu dieser Einschätzung am besten geeignet ist, nämlich unser Gehirn.

Wenn wir auf Gefahr stoßen, dann analysieren wir sie und treten ihr entgegen oder weichen ihr aus, je nachdem, welche Strategie uns erfolgversprechend scheint. Wir kämpfen oder flüchten.

Im menschlichen Wesen ist die Biologie durch Denken zur Psychologie mutiert. Jetzt werden wir vom Drängen unseres eigenen begrifflichen Bezugsrahmens überzeugt, dass wir die psychischen Gefahren in unserer Welt ins Auge fassen müssen. Wir müssen uns entscheiden, zu kämpfen oder zu flüchten, zu beherrschen oder uns zu unterwerfen, je nachdem, was unser psychisches Überleben verlangt.

Angst ist zum Moderator unseres psychischen Wohlbefindens geworden. Ungeachtet der Tatsache, dass dieser Aspekt unserer Erfahrung durch und durch begrifflich ist, ist er so mit unserer Biologie, unserer Konditionierung, unserer Realität verstrickt, dass er sich aufführt, als wäre er wirklich.

Wenn wir dabei sind, eine neue Beziehung einzugehen, haben wir Angst, verletzt zu werden, als könnten wir physisch geschlagen werden. Was, wenn die Person uns nicht mag? So werden wir schüchtern oder übermäßig aggressiv, während wir versuchen, die Eigenschaften der neuen Umgebung vorab einzuschätzen. Wir haben Angst.

Unser Herz schlägt. Unsere Handflächen werden feucht. Unser Mund ist trocken. Schleicht sich da etwa im Dschungel ein Raubtier an? Nein, wir werden bloß jemandem vorgestellt, den wir noch nicht kennen.

Wir sind aufgeregt. Der Adrenalinspiegel in unserem System steigt. Unsere Gedanken überschlagen sich. Befinden wir uns in einem Kampf auf Leben und Tod mit einem anderen Tier, das uns die Nahrung streitig macht? Nein, wir tragen nur dem Boss den neuen Marketingplan vor.

Die Angst ist aus dem Dschungel getreten und hat sich in der Welt unseres Denkens breit gemacht. Praktisch alles, was wir tun, wird durch psychische Angst gefiltert. Wir sind von Angst motiviert. Wir werden von Angst gebremst. Wir leben in Angst.

Was lässt sich daran ändern?

Lassen Sie uns doch einmal klar sehen, dass die Angst in den meisten Fällen unberechtigt ist.

Angst hat eine Funktion für uns, wenn wir eine Straße überqueren und einen Lastwagen kommen sehen. Angst ist nützlich, wenn wir Machtinstrumente gebrauchen, wenn wir ein Auto steuern oder auf andere Weise unser Leben und unser Hab und Gut aufs Spiel setzen.

Die übrige Zeit ist Angst sinnlos. Sie existiert als Beschützer eines psychischen Körpers und von dessen Hab und Gut. Dieser psychische Körper braucht keinen Schutz. Er ist unzerstörbar. Man kann nicht etwas verletzen, das es nicht gibt.

Die Angst überzeugt uns davon, dass uns ohne ihre Hilfe Fürchterliches geschehen wird. Machen wir die Probe aufs Exempel. Lassen Sie uns die konkrete Angst bewahren – wir halten weiterhin die Augen offen, wenn wir eine Straße überqueren –, aber lassen Sie uns versuchen, ein paar Tage ohne die psychische Angst zu leben und zu sehen, ob wir überleben.

«Nein, nein, bloß nicht! Das ist zu gefährlich, man könnte dich verletzen!», sagt die Angst.

«Ich möchte es ja bloß mal für ein paar Tage ausprobieren», sagen wir.

«Auf gar keinen Fall. Das wird schrecklich sein. Du wirst Schaden nehmen. Du hast ja keinen Schimmer, was dir ohne mich zustoßen könnte!»

Die Angst wird rabiat. Hat sie uns denn nicht in der Vergangenheit treu beschützt? Und wo wären wir ohne ihren Schutz? Und schließlich, was wären wir ohne die Angst?

Was wären wir, wenn wir ... angstfrei wären?

> *Da Angst und Liebe schwerlich
> gemeinsam existieren können, ist es,
> wenn wir zwischen beiden wählen
> müssen, sehr viel sicherer, gefürchtet
> als geliebt zu werden.*
> Niccolò Machiavelli

> *In ihrem Herzen herrschte Frieden.
> Sie waren erfüllt von der Furchtlosigkeit jener, die alles verloren
> haben, jener Furchtlosigkeit, die
> nicht leicht zu erlangen ist, die man
> aber nie mehr verliert.*
> Aleksandr Solschenizyn

Es hat keinen Zweck, mit der Angst zu zanken. Die Angst gewinnt immer. Es gibt zahllose Umstände, vor denen man Angst haben muss. Die Angst hat uns immer beschützt. Nun ja, sie mag ein wenig ätzend sein, aber wenigstens sind wir sicher.

Die Angst kann uns fast alles geben, was wir im Leben brauchen. Die Angst stellt sicher, dass wir nie von etwas berührt werden, was uns verletzen kann. Und da wir nie wissen, was uns verletzen könnte, wird die Angst sicherstellen, dass wir von nichts berührt werden. Es ist zu riskant, sich berühren zu lassen.

Die Angst liebt das Risiko gar nicht.

Die Angst kann uns alles geben, ausgenommen eines – Angst kann uns niemals Liebe geben.

Die Liebe wartet darauf, dass die Angst schweigt. Die Angst weiß nichts von der Liebe und kann nicht wissen, dass die Liebe auf uns wartet. Liebe ist das größte Geschenk, das die Angst je erhalten wird.

Also streite nicht mit der Angst.

Liebe die Angst.

Die Angst weiß, dass sie im Grunde nicht existiert, und das ängstigt sie. Liebe die Angst für das, was sie ist – ein

Nichts, das sich selber aus dem Weg geht, eine Illusion.

Angst ist Ausdruck davon, dass unser psychisches Zentrum nach Nahrung, nach Existenz, nach Sein sucht.

Die Liebe hat kein Zentrum, sie hat keine Angst und existiert nur im reinen Sein.

Sie ist ein Geschenk des Himmels.

Liebe umfängt die Angst.

Sorgen und Stress: Worry, be unhappy!

> *Wenn sich vor dir die Straße gabelt,*
> *gehe da lang!*
> Yogi Berra

Wir leben im Zeitalter der Besorgnis.

Unsere Welt ist überbevölkert, wir sind überarbeitet und überstimuliert. Wir bekommen nicht genug Schlaf, nicht genug Entspannung, haben nicht genug Zeit.

Ständig werden wir zugeschüttet mit Nachrichten über Bedrohungen. Die Bevölkerungsrate überall auf der Welt explodiert, und alle wollen sie bei den Nachbarn einziehen. Terroristen sprengen öffentliche Gebäude, Flugzeuge, Züge, was auch immer in die Luft. Sexualmörder haben es auf unsere Kinder abgesehen. Amokläufer erschießt sieben Menschen und dann sich selbst. Der *Tatort* folgt um 20.15 Uhr.

Durch ständig wachsende finanzielle Ansprüche und Voraussagen eines Weltuntergangs lassen wir uns dazu bringen, immer länger und härter zu arbeiten. Die Rente ist in Zeiten des Geburtenüberschusses nicht mehr sicher, die Kosten für Ausbildung und Studium steigen schneller als die Inflation, der Graben zwischen Reich und Arm wächst, der

Zusammenbruch der Finanzmärkte steht bevor. Kreditkartenangebote mit einem Kreditrahmen, der größer ist als das Bruttosozialprodukt mancher Entwicklungsländer, flattern uns ins Haus. Wir überlegen für einen Moment – soll es eine goldene Karte sein oder, wenn wir etwas ganz Besonderes sind, eine Platinkarte? Wir tun so, als wüssten wir nicht, dass das einfach nur Plastikkarten sind, und wir unterschreiben einen Vertrag, der uns zu lebenslangem Geldausgeben verpflichtet.

Es ist Zeit aufzustehen, Zeit, zur Arbeit zu gehen, Zeit, die Kinder abzuholen, Zeit, zu einer Besprechung zu gehen, zu Sportveranstaltungen, Theateraufführungen, ins Kino, zum Einkaufen, einen Anruf zu erledigen und mehr und mehr und mehr. Und weniger und weniger Zeit. Mehr und mehr Zeitdruck.

Weniger Zeit, mehr zu tun, mehr zu verdienen, mehr auszugeben – und jeden Moment könnten wir durch irgendeinen irrationalen Akt der Gewalt ums Leben kommen oder von einem höchst ansteckenden exotischen Virus befallen werden, der sich über die Klimaanlage im Einkaufszentrum verbreitet.

Was können wir tun?

Unglücklich sein. Uns Sorgen machen.

Was bleibt uns auch anderes übrig angesichts dieser deprimierenden Überdosis total verrückter Realität? Kein Wunder, stehen wir unter Stress. Sehen Sie sich doch nur an, was wir an einem Tag zu verkraften haben. Wir sind vollkommen normal, und daher haben wir Angst. Angst ist normal. So sind wir nun einmal, warum sich deshalb auch noch Stress machen?

Wir können ja sowieso nichts daran ändern – oder?

Wir denken, wir wissen, was wir daran ändern können, das heißt, wir denken, wir wissen, was los ist. Wir denken, wir brauchten nur mehr zu denken, immer mehr Information anzusammeln und darüber nachzudenken, um irgendwie überleben zu können. Was hätte es für einen Sinn, sich zu entspannen, wenn wir nicht überleben?

Also zermartern wir uns das Gehirn auf der Suche nach mehr Information über die Sache, die uns stresst. Wenn wir mehr darüber herausfinden, ist es weniger wahrscheinlich, dass wir auf dem falschen Fuß erwischt werden, ist es wahrscheinlicher, dass wir wissen, was wir tun müssen. Wir werden wissen, ob wir kämpfen oder flüchten sollen.

Wir kämpfen nicht und wir flüchten nicht. Wir sammeln nur massenhaft Informationen zur Lage. Wir denken daran, zu kämpfen. Wir denken daran, zu flüchten. Doch in Wirklichkeit sitzen wir im Berufsverkehr in unserem Wagen fest, sitzen auf der Couch und sehen die Nachrichten, sitzen im Büro unseres Vorgesetzten und warten auf eine Besprechung.

Stress ist das Resultat des mentalen Durchspielens von Dingen, die wir tun könnten, oder Dingen, die wir nicht tun können, und all der Umstände darum herum, insbesondere unserer möglichen Verletzungen, Niederlagen oder Zusammenbrüche.

Stress ist Denken.

Denken denkt, dass es bei unserem Problem hilft, aber bei unseren Problemen zu helfen *ist* das Problem. Endlos Informationen anzusammeln, die das Problem lösen werden, *ist* das Problem. Unablässig die Informationen zu analysieren, die uns schützen werden, *ist* das Problem.

Wir können uns nicht vor dem Leben schützen, wir können nur im Moment einer Herausforderung hellwach reagieren. Sich auf die Reaktion vorzubereiten, verfälscht die Reaktion nur. Wir reagieren auf das, worauf wir uns vorbereitet haben, nicht auf das, was vorliegt. Ohne jeden Grund stressen wir uns selbst.

Im Augenblick der Herausforderung ist Stress das Signal zu handeln. Die Tätigkeit folgt automatisch, als Antwort auf die Wirklichkeit einer Situation.

In der Vorwegnahme der Herausforderung jedoch wird Stress zu einem Signal, das wir denken, während wir die Idee einer Herausforderung durchspielen und sie analysieren, nicht die Wirklichkeit selbst. Als Reaktion auf eine bloß gedankliche Herausforderung gibt es nichts zu tun. Dazu taucht spontan kein Handeln auf.

Wo in der konkreten Welt Brücken gebaut, Herzklappen repariert oder Kriege geführt werden, ist es sinnvoll, sich über Krisen Gedanken zu machen und Notfallpläne aufzustellen. Aber in der Welt der Psyche spielen wir das Überleben des «Ich» in Beziehung zu rein gedanklichen Herausforderungen durch. Wenn wir uns hier immer tiefer in Notfallpläne und Überlebensstrategien verstricken, werden wir nur immer noch verwirrter.

Wir können bis zum Sankt-Nimmerleins-Tag Informationen sammeln und analysieren – in dem müßigen Bestreben, das Überleben dieses psychischen Zentrums sicherzustellen. In dem Versuch, uns zu schützen, können wir uns immer größere Dosen von Stress aufhalsen.

Wir können das genauso gut bleiben lassen. Wir können kein Zentrum schützen, das es in Wirklichkeit gar nicht gibt.

Legen Sie die beunruhigenden Zeitungsartikel beiseite, drehen Sie das Katastrophenfernsehen und das Kriegsgeschreiradio ab. Es gibt keinen, der beschützt werden muss; es gibt keinen, der flüchten könnte; es gibt keinen, den man unter Stress setzen könnte.

EXPERIMENT: Versuchen Sie es mit einem Medienfasten. Wir sprechen hier nicht über Karottensaft und Darmreinigung. Dies ist schlimmer: Kein Fernsehen und keine Zeitungen, keine Bücher und keine Zeitschriften, keine Diskussions-

orgien im Radio. Schalten Sie das alles eine Woche lang aus. Lassen Sie sich auch nicht zu langen, geschwätzigen Telefongesprächen oder Internet-Chats hinreißen. Und lesen Sie auch nichts; legen Sie den Roman, mit dem Sie erst halb durch sind, beiseite.
Gönnen Sie sich eine Pause von alledem.
Und dann beobachten Sie, wie Ihr Hunger nach Information, Katastrophen und Konflikten plötzlich fast unerträglich stark wird. Verwechseln Sie diese Dringlichkeit nicht mit Bedeutung. Beobachten Sie derweil, wie Ihr Geist sich beruhigt, wie das Verlangen nach Stimulation nachlässt.
Was passiert in dieser Zeit mit Ihrem Angstniveau? Ist die Welt noch immer dem Untergang geweiht? Existiert die Welt überhaupt?
Wenn CNN live die letzten Katastrophennachrichten bringt und da ist niemand, der zusieht, sind es dann noch Nachrichten?
Was ist das Wesen Ihres Lebens ohne diese Informationsmanie?
Dann führen Sie die Informationsquellen eine nach der anderen wieder ein. Lesen Sie am ersten Tag nach Ihrem Medienfasten nur die Zeitung. Irgendwelche Reaktionen?
Fügen Sie jeden weiteren Tag eine weitere Informationsquelle hinzu, bis wieder das ganze verrückte Geschrei in Ihr auf Hochtouren laufendes Gehirn heruntergeladen wird. Fallen Ihnen irgendwelche Unterschiede auf bei Ihren Gefühlen, Gedanken oder beim Bedürfnis, irgendwelche Produkte oder Dienstleistungen zu konsumieren, Bier, Pizza?
Haben Sie ein stärkeres Gefühl, dass Ihnen Tod und Vernichtung drohen? Ist Ihr Angstlevel gestiegen? Wenn die Informationsüberflutung zu stark wird, dann können Sie sich ja vielleicht den Dokumentarfilm über Depression ansehen oder sich diesen Psychologen im Radio anhören. Vielleicht hilft es ja, wenn Sie mehr Informationen dazu bekommen.

Unsere Ansichten über Drogen ändern

Wir leben in einer interaktiven Welt. Die Realität der Welt ist nicht festgelegt, genauso wenig wie der Geist, der sie wahrnimmt. Es findet ein ständiger Dialog zwischen dem scheinbaren Betrachter und dem, was er betrachtet, statt. Die Substanz und Qualität des Wahrgenommenen verändert den Wahrnehmenden, und der Betrachter verändert das, was betrachtet wird.

Dieser Dialog ist Realität. Es gibt nicht zwei, sondern nur eins.

Traditionelle psychologische Modelle postulieren oft ein zentrales und konkretes Ding namens Geist, das im Gehirn lokalisiert ist und von den Dingen beeinflusst wird, mit denen es in Kontakt tritt.

Vom Standpunkt des Geistes aus gesehen ist das Modell der Psychologie nur eine Erfahrung unter anderen.

Der Geist hat ein viel grundlegenderes Problem.

Er kann sich selbst nicht finden.

Der Geist weiß, dass er nicht im Gehirn lokalisiert ist, denn manchmal träumt er von weit entfernten Orten, blitzschnell bewegt er sich in die mental erzeugte Vergangenheit oder Zukunft, er kann sich in Ihren Fuß einfühlen oder, was noch verwirrender ist, in das Herz eines geliebten Menschen.

Nur allzu gerne würde der Geist sich selbst finden. Er erinnert sich vage und verschwommen, dass es einmal eine Zeit gegeben hat, wo er alles war. Vielleicht war das, als der Körper noch sehr jung war, oder bevor der Körper geboren wurde, oder in einem anderen Leben. Aber der Geist weiß, dass es mehr auf sich hat mit dem Geist, als der Geist weiß.

Stets sucht der Geist nach einem Weg zurück, einem Weg darüber hinaus, in eine transzendente Realität. Er sucht unablässig nach dem Soma, dem magischen Pilz, der ihn dorthin transportiert.

Der Geist wird alles und jedes versuchen, um die richtige Droge zu finden.

Und alles ist eine Droge.

Alkohol ist eine Droge. Fastfood ist eine Droge. Horrorfilme sind eine Droge. Einkaufszentren sind eine Droge. Geldscheine sind eine Droge. Alles ist eine Droge.

Alles, was der Geist wahrnimmt, ist eine Droge. Alles, was der Geist berührt, transportiert ihn irgendwohin. Alles, was er verschluckt, verändert ihn. Der Geist findet keine Ruhe, solange er nicht das Transzendente findet, solange er durch die Dinge, mit denen er in Kontakt tritt, nicht über sich selbst hinaus transportiert wird.

Dieser grundlegende Antrieb, die transzendentale Erfahrung zu suchen, eine Erfahrung jenseits von dem, was wir wissen, ist der Kern der spirituellen Suche. Unser intuitives Wissen um unsere Begrenztheit treibt uns dazu, das zu suchen, was außerhalb unserer Gedankenstrukturen liegt. Von Anbeginn der Menschheit wurden Drogen benutzt in dem Versuch, das zu erfahren, was jenseits des Bekannten liegt.

Dem spirituell Suchenden scheinen bewusstseinsverändernde Substanzen einen Abkürzungsweg zur Transzendenz zu versprechen. Wir nehmen die Droge. Wir haben eine wundervolle oder eine schreckliche Erfahrung. Die Wirkung der Droge lässt nach. Wir erinnern uns an die Erfahrung, so als sei die Erinnerung *tatsächlich* die Erfahrung.

Natürlich ist sie das nicht.

Die Erfahrung, was immer es war, ist dahin. Alles, was bleibt, ist die Erinnerung, eine Repräsentation der Erfahrung.

Wir versuchen, die Erfahrung wiederzubekommen. Wir nehmen die Droge. Wir haben die Erfahrung. Die Wirkung der Droge lässt nach. Die Erinnerung bleibt, aber sie ist nicht die Wirklichkeit.

Das Problem mit vielen Drogen ist nicht die Drogenerfahrung selbst. Es ist der Versuch, die Erfahrung in der

Erinnerung festzuhalten; es ist die Verzerrung durch den sich erinnernden Geist, sowie der sich wiederholende Versuch, die Erfahrung erneut zu erlangen, indem man weiter Drogen nimmt.

Ob die Erfahrung darin besteht, high zu werden oder glücklich oder heilig – der Kreislauf ist endlos: Das Gehirn braucht immer mehr, und der Geist reproduziert nur die Wirklichkeit, ist aber nicht die Wirklichkeit selbst.

Auf der sozialen Ebene ist das Thema der Drogen dermaßen mit kontrollierender Politik, Mythologie, Pseudowissenschaft und kultureller Fehlinformation überfrachtet, dass wir niemals in der Lage zu sein scheinen, diesen gesamten hinderlichen Schutt beiseite zu räumen und die Thematik wirklich zu untersuchen. Drogen stellen uns vor eine Reihe von Problemen. Zuerst einmal eignen sich manche Drogen zur Suchtbildung und infolge davon zu abhängigem oder antisozialem Verhalten. Einige Substanzen scheinen uns alternative Wirklichkeiten zu bescheren, was zu Apathie oder Abscheu gegenüber der Konsensrealität führen kann. Einige haben Wirkungen, die verwirrend sind, schwer zu dokumentieren und nicht leicht zu erklären. Dann gibt es die allgemein akzeptierten Drogen, die legal sind, deren Abgabe aber kontrolliert wird. Einige legale Drogen sind bewusstseinsverändernd und werden von spezialisierten Ärzten kontrolliert. Unsere Gesellschaft kontrolliert und lenkt, was der Geist erfahren darf, denn wir fürchten, dass transzendentale Erfahrung unsere sozialen Strukturen destabilisieren und deren Macht dezentralisieren könnte.

Wir führen einen Krieg gegen bestimmte Drogen, finanzieren Kampagnen zur Förderung anderer Drogen und propagieren Programme zur Erziehung über wieder andere. Wir wissen nicht so recht, ob Drogengebrauch ein Verbrechen, eine Krankheit oder einfach eine Tatsache des Lebens ist. Auf der Straße gehandelte Drogen sind böse. Psychiatrische

Drogen sind gut. Medizinische Drogen sind gut. Alkohol ist böse und gut.

Millionen von Kindern in den Vereinigten Staaten wird heute in der Schule Speed (gewöhnlich Ritalin) verabreicht; dann bringen sie endlich die Aufmerksamkeit auf, um den Schulstunden zu folgen, in denen sie vor Drogenmissbrauch gewarnt werden. Mindestens eine halbe Million Kinder erhalten Antidepressiva. Speed bekommen die Kinder, die zu viel reden und die hyperaktiv sind. Antidepressiva erhalten diejenigen, die nicht genug reden und die zu wenig aktiv sind. Inzwischen haben Forscher herausgefunden, das Ritalin und Kokain eine nahezu identische Wirkung auf die Gehirnzellen haben.

Sind die Kinder zu aufgedreht, drück sie mit Drogen runter.

Sind die Kinder zu niedergeschlagen, pusch sie mit Drogen hoch.

Sind die Kinder gerade richtig, so verkaufe ihnen Bier und Zigaretten.

Ziehen wir in unserer Konfusion hinsichtlich der Drogen eine drogenabhängige Generation heran?

Die amerikanische Drogenkontrollbehörde veröffentlicht Broschüren darüber, wie man die Kids von Drogen fern hält. Das amerikanische Erziehungsministerium veröffentlicht Broschüren, die Eltern darüber informieren, wo sie am besten eine auf Drogen basierende Therapie für ihre Kids verschrieben bekommen.

Arme Kinder, die Drogen verkaufen, werfen wir ins Gefängnis, die Kinder Prominenter kommen in ein Programm der Drogenrehabilitation. Die großen Bosse machen einen Deal mit dem Staatsanwalt oder ihre Machenschaften gehen durch die Presse, je nachdem, um welche Drogen es sich handelt. Wir testen Angestellte auf Drogenkonsum, schreiben Rezepte für den Drogengebrauch, durchsuchen

Autos nach Drogen, bewerben die neuesten Drogen in doppelseitigen Hochglanzanzeigen und sponsern Sportveranstaltungen mit Drogengeldern, das heißt Geldern aus dem Dealen mit Alkohol.

Auf der Ebene sozialer Übereinkünfte werden wir kaum etwas finden, das uns bei unserer Erkundung auf dem Gebiet der Drogen hilfreich ist; hier sind wir viel zu schockiert und verängstigt.

Das muss aber nicht so sein. Wir könnten alle Erfahrungen frei von jeder Furcht betrachten. Das, wonach der Geist sucht, findet sich nicht in Erfahrungen. Es findet sich nicht in Drogen. Die Revolution liegt ganz woanders.

Erfahrungen können den Erfahrenden verändern, nie aber können sie den Erfahrenden selbst, den Geist, über sich selbst hinausführen. Was bleibt, ist immer die Erinnerung an die Erfahrung, und diese umfasst den Geist. Alles, was eine Erfahrung mit sich bringt, ist in diesem grundlegenden Sinn eine Droge.

Was der Geist sucht, liegt in der Nichterfahrung, in der Stille, im Zusammenfallen des Sehenden und des Gesehenen in die Nondualität des Seins.

Diese ist an sich frei, legal und nicht gesetzlich geregelt.

Alles andere ist eine Droge.

Transformation des Bewusstseins und nicht irgendeine Art von Erfahrung ist es, was die Revolution ausmacht.

Schmerz, Versagen und Enttäuschung

Wir zerstören unsere Kinder schon in jungen Jahren. In einer Kultur, die den Wettbewerb und die Beherrschung hochhält, setzen wir Kinder in die Welt, ohne uns groß Gedanken darüber zu machen. Kinder wachsen mit Scham, Kontrolle, körperlicher Züchtigung und in seelischer Isolation auf, ganz einfach weil ihre Eltern sich ihrer eigenen Konditionierung nicht bewusst sind. Diese Eltern waren einst selbst Kinder, die denselben Mächten von Scham, Kontrolle und Gewalt unterworfen waren.

Wir sind diese Kinder. Viele von uns sind auch Eltern. Aber wir haben unsere Kindheit nie ganz überwunden. Wir wurden frisch, unschuldig und voller Neugier geboren. Wir riefen nach Hilfe, nach Liebe, nach Wärme. Wir riefen nach einer Antwort, die nicht von unseren Eltern kommen konnte, weil unsere Eltern *selbst* diese Antwort nie erhalten haben, als sie noch Kinder waren.

Voller Vertrauen wurden wir in das Leben geboren, als wir in der Wärme des Mutterschoßes genährt wurden. Doch dieses Vertrauen haben wir sehr bald verloren. Wir mussten lernen, dass wir ungezogen sind, Versager, eine Enttäuschung. Wir lernten uns zu benehmen. Wir lernten, so zu reagieren, dass wir eine Bestrafung vermeiden oder Zuwendung gewinnen konnten.

Wir wuchsen in einem Umfeld der offenkundigen Gewalt und der versteckten Neurose auf. Wir schränkten unser menschliches Potenzial auf einen Satz von Verhaltensweisen ein, der es uns ermöglichte, zu überleben, uns mit anderen zu messen sowie selber zu beherrschen und zu kontrollieren. Wir lernten, was es heißt, ein Mensch zu sein, ein Erbe, das seit Beginn der Menschheit von den Eltern auf die Kinder weitergegeben wird.

Jetzt sind wir Erwachsene. Wir leben mit diesem Schmerz, diesem Versagen, dieser Enttäuschung. Wir werden von diesen Gefühlen angetrieben. Wenn wir etwas erreichen, ist es nie genug. Wir dürfen nie ausruhen. Wir dürfen nie sein. Nie sind wir einfach so, wie wir sind. Stets sind wir «in Entwicklung», bemühen wir uns darum, anderen zu gefallen, Erfolg zu haben, die Liebe und Bewunderung von

Eltern oder von deren Repräsentanten zu gewinnen, die unfähig sind, uns eine Antwort zu geben.

Es gibt keinen Ausweg. Noch so viel Therapie oder Meditation wird uns da nicht raushelfen. Die Versuche, uns zu verändern, sind einfach nur noch mehr von demselben – das, was versagt hat, sucht nach einer neuen Verhaltensweise, mit der es Anerkennung gewinnen kann. Wenn wir erst einmal unser «inneres Kind» gefunden oder unsere Seele wiedergewonnen haben, wenn wir erst einmal still sitzen und unseren Atem beobachten können, dann werden wir ganz sein, heil sein, dann werden wir etwas wert sein, liebenswert sein.

Es gibt keinen Ausweg. Dieser Zustand lässt sich nicht reparieren. Der bloße Versuch, ihn zu reparieren oder vielmehr dem imaginären Kritiker zu gefallen, verschlimmert das Dilemma nur noch.

Das Kind ist eine Erfindung der Eltern. Die Eltern sind eine Erfindung der Kultur. Die Kultur ist eine aus einer endlosen Kette von Zeit und Konditionierung hervorgegangene konstruierte Realität. Unser Schmerz, unser Versagen, unsere Enttäuschung, das alles sind Erfindungen, die von einer Unmenge weiterer Erfindungen aufrechterhalten werden.

Wir wurden frei geboren, als Ausdruck des Lebens selbst. Wir sind kein Kind bestimmter Eltern oder einer bestimmten Kultur. Da gibt es in Wirklichkeit nichts, was von uns verlangen würde, so oder so zu sein. Dieser Anspruch ist nur eine Erfindung. Wir brauchen kein irgendwie beschaffenes «inneres Kind» zu finden, noch müssen wir mit den Symbolen, die unsere Eltern sind, irgendwelche Dinge aufarbeiten. Wir brauchen auch keinen Erfolg zu haben oder uns in dieser konstruierten Kultur über Versagen Sorgen zu machen.

Wir sind Kinder des Lebens, nicht Kinder einer Erfindung.

Das Leben verlangt nur eine Sache von uns, und diese eine Sache erfüllen wir bereits.

Das Leben verlangt von uns, dass wir sind, wie wir sind. Das ist alles.

Versagen gibt es nicht.

Das Leben sorgt wundervoll für uns. Es tränkt uns mit der Totalität seiner Elternschaft sowohl in der Demonstration als auch in der Kommunikation seiner Eigenschaften. Es sorgt vollkommen für uns, weil es uns, ohne eine Gegengabe zu verlangen, mit Freiheit und Verantwortung ausstattet.

Wir können uns niemals davon erholen, die Kinder unserer Eltern zu sein. Das liegt daran, dass wir nicht die Kinder unserer Eltern sind – wir sind Kinder des Lebens.

In der Freiheit gibt es kein Versagen, in der Verantwortung gibt es keinen Schmerz.

Das Leben kann uns zum Beschützer und Versorger eines Kindes machen. Es gibt nichts Schöneres und keine größere Herausforderung, als wenn das Leben uns diese Aufgabe anvertraut. Aber dies ist eine Funktion, keine Stellung, keine Eigentümerschaft, keine Position der Macht und der Kontrolle.

Es gibt Experten, die uns Ratschläge geben, wie wir unsere Kindern formen sollen, wie wir sie dazu bringen können, nicht mehr zu schreien, wie wir sie zwingen können, nach unserem Stundenplan zu essen, wie wir sie dazu bringen können, zu schlafen, wenn sie unserer Meinung nach schlafen sollen. Diese Experten sind Experten in der Zerstörung des Geistes der Menschlichkeit. Sie sprechen aus der Konfusion, in der sie selbst aufgezogen wurden.

Der Experte für Kindererziehung ist das Kind.

Ein Kind ist ein Geschenk des Lebens an sich selbst. Ein Kind ist ein Ausdruck des Lebens, es trägt die Weisheit in sich, die wir zum größten Teil vergessen haben. Nur die vollständige Ignoranz kann das in einem Kind nicht sehen. Und die Ignoranz will sich selbst zum Eigentümer des Kindes machen.

Doch niemand kann ein Kind besitzen.
Ein Kind ist frei.
In der Freiheit gibt es kein Versagen.
Seien Sie frei wie ein Kind.

Raum finden – der innere Aufbruch

Unsere Welt ist überfüllt, überbordend und überladen. Wie finden wir in all dem Krempel noch Raum? Wie finden wir einen Augenblick, eine Stunde, einen Tag, in denen wir ein Gefühl der Offenheit, der Zeitlosigkeit, der Geräumigkeit verspüren und nicht den Druck, den Bewegung, Erfolg, Überleben und zu wenig Zeit mit sich bringen? Wir finden nicht einmal den Raum in unserem Leben, um Yoga, Meditation, Taiji oder irgendeine andere der spirituellen Praktiken zu üben, die doch angeblich mehr Raum erzeugen sollen.

Wir sind total voll gestopft.

Hier ist der Trick. Es ist nicht so, dass wir Raum finden. Der Raum findet uns.

Wir haben uns im Wald verirrt. Das Falscheste ist, herumzulaufen und einen Weg aus dem Wald zu suchen. Indem wir nach einem Weg suchen, vergeuden wir unsere Energie. Unsere Suche wird immer verzweifelter, und gewöhnlich führt sie dazu, dass wir noch verwirrter werden und uns noch mehr von allen guten Geistern verlassen fühlen.

Wenn wir uns im Wald verirrt haben, ist es das Beste, sich hinzusetzen, ein schönes Feuer zu machen und sich zu entspannen. Das Beste ist, wenn wir darauf warten, dass die Hilfe uns findet. Wenn es uns langweilig wird, können wir in einer Lichtung irgendwelche Zeichen auf dem Boden markieren, die von einem Flugzeug aus zu sehen sind.

Wir haben uns in der Komplexität verirrt. Die Suche nach Raum in unserem Leben füllt den Raum unseres Lebens aus. Sie erschöpft uns, sie führt dazu, dass wir immer verzweifelter suchen und uns immer mehr von allen guten Geistern verlassen fühlen. Lassen Sie zu, dass die Geräumigkeit des Lebens Sie findet.

Sie ist immer hier, und das ist genau der Ort, wo wir uns befinden.

Nur ruhig Blut. Die Hilfe ist nahe.

Haben Sie jemals innegehalten, um sich zu besinnen, und dann vergessen weiterzumachen?

> *Der spirituelle Sucher suchte den großen Guru auf und bat ihn, ihm den erleuchteten Geist zu beschreiben.*
> *«Mein Geist ist vollkommen leer», sagte der Guru.*
> *«Das kann ich einfach nicht glauben», sagte der Sucher.*
> *«Was können Sie nicht glauben?», fragte der Guru.*

In jedem Augenblick, in dem das Denken einfach aufhört, begreifen wir, dass wir ein Teil des unendlichen, überpersönlichen Universums sind.

Wir erkennen das ... und dann erkennen wir, wie profund diese Erkenntnis ist.

Wir haben begonnen, wieder zu denken. Wir sind ziemlich schnell in eine individualisierte Welt zurückgekehrt, in der das Denken denkt und das Denken «Ich» ist. Diese Welt des «Ich» ist ganz und gar nicht profund, und wenn wir darin leben, sehnen wir uns nach der sublimen Welt des Nichtdenkens, nach einer Welt, über die wir viel nachdenken.

Es ist überhaupt nicht schwer, in die Welt der Stille zu gelangen. Sie ist immer da, in dem Zwischenraum zwischen den Gedanken. Doch diese Stille des Ich wird durch das Denken unterbrochen, das beharrlich darauf insistiert, die Stille einzufangen und sie zu analysieren.

Was, wenn wir aufhörten zu denken, psychologisch zu denken, und nicht wieder anfingen? Wir hätten immer noch die volle Funktion der Wahrnehmung. Wir könnten auf das Gedächtnis als historische Aufzeichnung zurückgreifen. Wir wüssten weiterhin um die Techniken, mit denen wir gewohnt sind zu arbeiten. Aber wir hätten nicht die Vorstellung eines «Ich», das all das tut.

Wir würden erkennen, dass es ein biologisches Körper-Geist-Geflecht gibt. Aber dieser Aspekt des überpersönlichen Lebens wäre wie die Welle im Ozean oder der Fußabdruck im Sand: nicht zu unterscheiden von der Substanz, die ihn umgibt.

Allein durch die Idee eines abgetrennten Egos können wir die Realität konstruieren, die wir «Ich» nennen. Ohne diese Idee ist alles, was uns bleibt, das Leben selbst.

Was würde geschehen, wenn dieses psychologische Denken aufhörte? Konkretes Denken, technologisches Denken, das Denken von Wahrnehmung und Fühlen würden weitergehen, aber wir würden keinen Denkenden auffinden können.

EXPERIMENT: Beobachten Sie, wie der nächste Gedanke, den Sie haben, auftritt und zu nichts zerfällt. Wo ist der Denker in dem Augenblick, in dem der Gedanke verschwindet, der nächste Gedanke aber noch nicht erzeugt wird? Nun beobachten Sie, wie der nächste Gedanke auftritt. Wo kam dieser Gedanke her, und wer denkt ihn?

Experiment: **Wenn Sie nach der Meditation oder nach einer Zeit tiefer Entspannung die Augen öffnen oder aus dem Schlaf aufwachen, gibt es da oft einige Augenblicke, in denen das Feld der Wahrnehmung aktiv ist, der denkende Geist aber noch nicht? Was geschieht in diesen Momenten, in denen es zwar Wahrnehmung, aber noch keinen Begriff gibt? Wie rekonstruieren Sie Ihre Realität?**

VIERTER TEIL

WIE WIR
VON
DORT
NACH
HIER
GELANGEN

Am Ende
kommen wir zum Anfang

Vertrauen ohne Glauben

> *Glaube ist das Noch-nicht im Jetzt:*
> *Er ist der Vorgeschmack einer*
> *Frucht, die noch nicht existiert.*
> Laurens van der Post

> *Sie standen an den Gestaden des*
> *Glaubens und fühlten, wie die alten*
> *Dogmen und Gewissheiten rasch*
> *unter ihren Füßen und zwischen*
> *ihren Zehen verebbten, wobei sie das*
> *Fundament, auf dem sie standen,*
> *unterspülten – eine zugleich*
> *angenehm stimulierende und*
> *zugleich leicht beunruhigende*
> *Empfindung. Denn schließlich lieben*
> *wir es doch alle zu glauben, nicht*
> *wahr, und sei es nur an Geschichten?*
> David Lodge

Wenn wir den Glauben *(belief)* abtun, finden wir uns dann nicht in einem Leben ohne Kontext, Sinn und Ausrichtung wieder? Wie können wir ein Leben ohne Glauben leben? Schließlich ist es doch der Glaube, der uns Sicherheit gibt, und ohne diese Verheißung von Gewissheit bleibt uns schließlich nichts außer dem Vertrauen ins Leben *(faith)*.

Diese Art von vertrauensvoller Hingabe *(faith)* bleibt übrig, wenn der Glaube *(belief)* im Feuer der Wirklichkeitsprüfung verbrannt wurde. Vertrauen ist Glaube, der durch die dunkle Nacht der Seele gegangen ist.

Vertrauen kommt nicht aus dem Denken, es beinhaltet keine Verheißung, die aus etwas kommt, das wir bereits kennen, sondern vielmehr aus dem Unbekannten. In dieser Freiheit vom Bekannten führt das Vertrauen uns in die Vitalität jedes einzelnen Augenblicks in seiner Frische, Neuheit und Lebendigkeit.

Glaube ist vom Denken konditioniert. Vertrauen ist frei von allen gedanklichen Inhalten.

Glaube ist begreiflich. Vertrauen ist unbegreiflich.

Glaube trennt. Vertrauen umfängt.

Glaube widersetzt sich dem Wandel. Vertrauen ist Wandel.

Glaube ist etwas Geschaffenes. Vertrauen ist das Schöpferische.

Glaube strebt nach Vertrauen. Vertrauen strebt nach nichts.

Glaube ist der Mythos des Vertrauens. Vertrauen ist das Mysterium des Lebens.

Wir können weder Vertrauen in den Glauben haben, noch können wir an das Vertrauen glauben.

Glaube ist an sich ungewiss. Vertrauen ist unerschütterlich.

Glaube wehrt sich dagegen, in Frage gestellt zu werden. Vertrauen kann durch nichts in Frage gestellt werden.

Glaube sucht nach weiteren Gläubigen. Vertrauen wartet in Stille.

Anmerkung des Übersetzers: In diesem Kapitel spielt der Autor mit dem Bedeutungsunterschied der englischen Wörter *faith* und *belief*, die in deutscher Übersetzung beide zuerst einmal «Glaube» bedeuten. *Faith* bedeutet dabei eher ein von einer inneren Gewissheit getragenes Vertrauen (der «Glaube» kann *faith* in diesem Sinne sein), während *belief* eher einen «blinden» Glauben an etwas bezeichnet, das von Glaubenssätzen vorgeschrieben wird und von dem wir kein inneres «Wissen» haben (der «Glaube» kann ebenso *belief* in diesem Sinne sein).

Glaube basiert auf der Getrenntheit von uns selbst in Beziehung zu einem anderen. Vertrauen ist das Ganze, das sich selbst für sich selbst und in sich selbst zum Ausdruck bringt.

Wie können wir ohne Glauben leben? Wir leben ohne den Konflikt zwischen meinen Ideen und deinen Ideen. Wir leben ohne den Wettstreit des Ich mit einem anderen. Wir leben ohne den Widerstand gegen den Fluss des Lebens.

Wir leben in Vertrauen. Wir leben im dynamischen Potenzial der Existenz, wie es in jeden Augenblick hineinexplodiert, unvorhersehbar, unkontrollierbar und unglaublich schön, und sich dann wieder in die tiefe Stille des Universums hinein auflöst. Vertrauen ist die Anerkennung der vitalen Kraft, die diesem endlosen Zyklus von Schöpfung und Zerfall Leben einhaucht.

Wir leben im Vertrauen, weil das Vertrauen in uns lebt, weil es wir ist und alles um uns herum.

Das Ende aller Mühen

> *Schauet die Lilien auf dem Felde an,*
> *wie sie wachsen: sie arbeiten nicht,*
> *auch spinnen sie nicht.*
> *Ich sage euch, dass auch Salomo in*
> *all seiner Herrlichkeit nicht gekleidet*
> *gewesen ist wie eine von ihnen.*
> Matthäus 6, Vers 28–29

Lassen wir die Vitalität in unser Leben und in unsere Wirklichkeitsmeditation einströmen. Dies braucht keine Bemühung. Bemühung verlangt einen Handelnden.

Durch Bemühung bekommen wir nicht das, was wir brauchen, wir bekommen, was die Bemühung braucht. Bemühung braucht spirituelle Errungenschaft, Anerkennung und mehr Stimulation als Treibstoff für zusätzliche Bemühungen. Wir müssen dem Druck, spirituell zu etwas zu kommen, ein Ende bereiten.

Sparen Sie sich Ihre Bemühungen für ein Tennismatch, für das Joggen mit dem Hund oder für Ihre Gitarreübung. Das sind erholsame Mühen.

Machen Sie sich die Mühe, mit den Kindern in den Zoo zu gehen, den Rasen zu mähen, einen Bericht zu schreiben. Das sind produktive Mühen.

Doch spirituelle Bemühung funktioniert nicht. So etwas wie existenzielle Anstrengung gibt es nicht. Das ist nicht der Mühe wert. Ohnehin gibt es keinen Punkt, von dem aus wir abspringen könnten. Und keinen Ort, an dem wir ankommen könnten.

Geben Sie sich Mühe, sich keine Mühe zu geben.

Geben Sie sich Mühe, sich zu entspannen. Geben Sie sich noch mehr Mühe. Und jetzt noch mehr.

Und jetzt geben Sie sich weniger Mühe, sich zu entspannen. Noch weniger. Geben Sie sich absolut keine Mühe, sich zu entspannen.

Nicht einmal das Ende der Bemühung können wir herbeiführen.

Das ist eine gute Nachricht.

Es bedeutet, wir können aufhören, es zu versuchen.

Auf sich selbst gestellt sein

> *Es gibt etwas, das sich an einem bestimmten Ort finden lässt. Es ist ein großer Schatz, den man die Erfüllung der Existenz nennen könnte. Der Ort, an dem man diesen Schatz finden kann, ist der Platz, auf dem man steht.*
> Martin Buber

> *Es gibt nichts, wovor man flüchten könnte – und nichts, wohin man flüchten könnte. Eins ist immer eins.*
> T. S. Eliot

Wir bekommen bei der Suche nach der Wirklichkeit nicht viele Hilfen. Die sozialen Strukturen, in denen wir leben, werden uns wahrscheinlich nicht unterstützen. Unsere Verwandten und Freunde werden im Allgemeinen nur fassungslos sein. Selbst der eigene Verstand wird sich dagegen auflehnen.

Verstehen Sie dies als eine Warnung. Alle, die diese Erkundung unternehmen, stehen auf sich selbst gestellt im Universum. Da gibt es keine verlässlichen Stützen, da gibt es als Führung nur die eigene Integrität. Selbst Beziehungen, die in gegenseitiger Übereinkunft über diese Erkundung eingegangen werden, müssen uns ihrer Natur nach herausfordern und dürfen uns nicht einlullen.

Unsere Existenz zutiefst in Frage zu stellen, das ist kein Unterfangen für zaghafte Menschen oder Dilettanten. Eine solche Erkundung wird unsere gesamte Weltanschauung in Stücke reißen, sie transformieren und verwandeln, denn diese Anschauung beruht auf einem «Ich», das nicht vorhanden ist. Ist dieser dünne Schleier der Illusion einmal zerrissen, dann wird er für immer zerrissen bleiben.

Es ist wichtig, dass wir eine große Ordnung in unser Leben bringen, dass wir in eben der Realität, die wir erforschen, ein solides Fundament legen. Leicht ist gesagt, die Realität sei bloßes Denken. Aber es ist eine große Herausforderung, diese Wahrnehmung in einer Welt, die derart mit verschiedensten Gedanken durchtränkt ist, zu leben.

Ordnung ergibt sich daraus, dass wir uns der Bereiche von Geld, Arbeit, Beziehungen, Familie und Verantwortung furchtlos annehmen und nicht vor ihnen weglaufen. Zu viele verstecken sich im Namen der Spiritualität vor dem Leben. Zu viele von uns sagen, das Leben sei eine Illusion, wo doch in Wirklichkeit *wir* die Illusion sind. Die Illusion besteht darin, dass wir an unseren Konditionierungen, unseren Ideen, an unserem Ich festhalten.

In der Wirklichkeit des Lebens auf sich selbst gestellt zu sein bedeutet, dass wir für unser gesamtes Leben die volle Verantwortung übernehmen. Niemand wird uns dafür gratulieren. Niemand wird uns für besonders spirituell halten. Ohne eine solide Grundlage, ohne Ordnung im Leben, werden wir auf nichts anderes stoßen als auf das Chaos, das wir durch unsere Vermeidung selbst erzeugt haben. Aber wenn wir uns unserem Leben ganz und gar stellen, dann können wir uns von den Verstrickungen eines chaotischen Lebens befreien und damit eine Basis zur weiteren Erforschung legen.

Niemand kann uns zu einem Leben in Integrität anleiten. Niemand kann bestätigen, dass wir unsere Wahrnehmungen leben.

Wir sind auf uns selbst gestellt, dort, wo wir sind. Dies ist die Pforte zur Ganzheit des Lebens.

Krise und Wandel – wir selbst sind der Wirbel

Die Welt befindet sich in einer Krise. Unsere Regenwälder werden abgeholzt und brandgerodet. Unsere Meere und Flüsse werden zunehmend verschmutzt. Der Treibhauseffekt lässt die polaren Eiskappen abschmelzen. Die Überbevölkerung der Welt wächst in alarmierendem Tempo. Die Kriminalität blüht. Wahnsinnige schießen und bomben wahllos. Der globale Terrorismus bedroht uns mit einem Waffenarsenal von gestohlenen Atomsprengköpfen bis hin zu grässlichsten Biowaffen.

Wir denken über diesen Sumpf nach, und unser Verstand gerät angesichts der Komplexität all dieser Dinge ins Rotieren. Keine Ahnung, was wir dagegen unternehmen können. Und doch ist es not-wendig, dass wir etwas ändern, bevor es zu spät ist.

Wir versuchen, global zu denken und lokal zu handeln. Wir recyceln unsere Plastikabfälle, Glas und Papier. Wir schicken einen Scheck an den World Wildlife Fund. Wir versuchen, öfter mit dem Fahrrad zu fahren. Und wir haben das dumme Gefühl, dass wir damit nicht wirklich etwas an der Situation ändern. Wahrscheinlich haben wir damit sogar Recht.

Wir versuchen es mit engagierter Spiritualität. Wir bemühen uns darum, ein Verständnis unseres Inneren mit den Problemen der Außenwelt in Einklang zu bringen. Unser Geist rotiert immer noch, aber jetzt finden wir wenigstens einen Angelpunkt, von dem aus wir agieren können. Wir marschieren, wir organisieren, wir schreiben Briefe und sammeln Geld. Wir kümmern uns wenigstens um die Probleme der Welt. Wir wissen aber auch, dass sich an diesen Problemen durch unser Engagement nichts zu ändern scheint. Noch immer bewegen wir nicht wirklich etwas.

Unser Geist rotiert noch immer. Unser Geist hat nie aufgehört zu rotieren. Ganz gleich, wie viel wir uns eingesetzt haben für die Probleme um uns herum, die Probleme gehen weiter.

Dafür gibt es einen einfachen Grund.

Wir sind die Rotierten.

Das Problem ist nicht bloß in der Welt da draußen, es ist in uns als den Rotierenden und als die Welt.

Es gibt kein Innen und kein Außen. Es gibt keine engagierte Spiritualität. Der Wirbel ist die Welt. Wir können nichts aktivieren, was sich außerhalb der Bewegung unseres begrifflichen Denkens befände. Und es gibt keinen Punkt, auf dem wir stehen könnten, von dem aus wir diesen ständigen Fluss der Interpretation ins Spiel bringen könnten.

Das Denken hat die Welt geteilt. Bequemerweise ist das Problem entweder «da draußen» oder «da drinnen», aber niemals hier, jetzt.

Das Denken ist auf dem Holzweg. Es gibt nur eine Krise, und das ist eine totale Krise. Die Krise ist das Denken selbst, unser Glaube daran, unsere Identifikation damit und mit dessen unehelichem Kind, dem «Ich».

Wir lenken unsere Aufmerksamkeit von der Wirklichkeit unserer konfliktträchtigen mentalen Strukturen ab und versuchen uns gleichzeitig weiszumachen, wir könnten eine Welt ohne Konflikte schaffen. Aber das, was sich im Konflikt befindet, wird nicht das Ende des Konflikts herbeiführen.

Das «Ich» ist der Konflikt selbst, und es hat keinerlei Absicht oder auch die Mittel, den Konflikt zu beenden.

Das Denken erschafft eine Innenwelt und eine Außenwelt. Beides sind Vorstellungen, keine Wirklichkeit.

Wenn Innen und Außen dasselbe sind und wir die Krise um uns herum sehen, dann sehen wir auch die Krise, die wir selbst sind.

Lassen Sie uns die Krise, die wir selbst sind, nicht aus einer spirituellen Perspektive angehen, sondern vom Ausgangspunkt des direkten Kontakts mit dem, wer und was wir sind. Wenn dies eine Krise ist, dann dürfen wir nicht zögern, dann gibt es keine Ausflucht, dann haben wir keine Zeit.

Sind wir jetzt bereit für einen radikalen Wandel, einen revolutionären Wandel, einen totalen Wandel? Hat die totale Krise, die wir aufgedeckt haben, uns an einen Punkt gebracht, an dem unser Widerstand gegen den Wandel aufhört?

Der Wirbel kommt zum Stillstand.
Die Welt kommt zum Stillstand.
Das Denken kommt zum Stillstand.
Das «Ich» kommt zum Stillstand.

In einem Augenblick entstehen Handeln, Wandel, Heilung spontan aus dieser Stille.

Vergänglichkeit, Schmerz, Leere und Mitgefühl

Vor zweitausendfünfhundert Jahren wies der Buddha darauf hin, dass das Leben vergänglich, unbefriedigend und im Grunde leer ist. Soweit wir das in unserem asphaltierten Paradies der Postmoderne beurteilen können, scheint er den Nagel auf den Kopf getroffen zu haben.

Einige Jahrhunderte später kam Jesus daher und rief uns, ohne sich allzu sehr auf das existenzielle Dilemma einzulassen, sehr präzise und unmissverständlich dazu auf, einander zu lieben. Nach allem, was wir durch unsere direkte Erkundung herausfinden können, ist die Liebe, das Erbarmen im Miteinander, unsere einzige echte Chance für die Verwirklichung eines integrierten Lebens.

Der Buddha lädt uns dazu ein, die Vergänglichkeit, Leidhaftigkeit und Leere zu betrachten, Jesus fügt das Erbarmen hinzu.

Unsere Gedanken, Gefühle und Sinneseindrücke scheinen aufzutauchen und wieder zu verschwinden, ohne irgendwelche bleibenden Eigenschaften zu hinterlassen. Wir scheinen in fast allem etwas Anziehendes und etwas Abstoßendes zu finden, weshalb wir uns in einem Zustand des Unbefriedigtseins befinden, in einer Art dumpfem, bohrendem Schmerz. Wir können einfach kein Selbst, kein Zentrum, kein «Ich» auffinden, wir sehr wir uns auch bemühen. Wir scheinen aus, nun ja, aus «nichts» zu bestehen.

Wenn wir uns diese Kombination von Aspekten unserer Existenz ansehen, auf die der Buddha so klar hingewiesen hat, dann bemerken wir vielleicht auch, dass wir uns davor drücken anzuerkennen, dass dies unsere Natur ist. Wir lieben es, so zu handeln, daran zu glauben und so zu tun, als sei das einfach nicht wahr. Wir lieben es vorzugeben, dass wir jeder ein «Ich» sind, welches felsenfest, dauerhaft und ganz in Ordnung ist – und damit basta.

Wir fürchten uns zutiefst vor der Einsicht, dass wir tatsächlich das Universum sind. Wir sind die Kraft, die Herrlichkeit, die Weisheit, einfach alles. Wir sind nicht einfach nur der Besitzer eines metallicroten 1970er Opel Manta oder der Zeichner eines Schatzbriefes, den wir, kurz bevor die Zinsen fielen, bei unserer Bank deponiert haben, oder Elternteil eines Sprösslings, der Linksaußen in der Jugendmannschaft von Schalke 04 ist. Wir sind nicht ein Aspekt des Ganzen, wir sind tatsächlich das Ganze.

Der Buddha hat nicht etwa nur behauptet, dass wir nichts sind. Er hat auch darauf hingewiesen, dass wir eben, weil wir nichts sind, alles sind. Und das ist eine ganze Menge. Daran knabbern Buddhisten seit zweieinhalbtausend Jahren.

Jesus verdanken wir dann noch den Zuckerguss auf dem Kuchen, da er uns dazu anleitete, unsere Nachbarn wie uns selbst zu lieben. Schließlich ist das alles, was uns zu tun bleibt, wenn wir schon alles sind. Das sind ganz klare Handlungsanweisungen. Du bist alles, also liebe deinen Nächsten, der, nebenbei gesagt, sowieso niemand anderes als du selbst ist.

Aber es ist natürlich viel zu einfach, das einfach wörtlich zu nehmen. Also mussten wir Tausende von Büchern schreiben, die erklären sollen, was diese beiden Visionäre gesagt haben. Und so gibt es heute verschiedene Schulen des Denkens, Kirchen, Sekten, Priester, Lehrer und Systeme, zwischen denen wir wählen können. Das ist echt verwirrend – und es ist beruhigend, dass wir verwirrt sein können. Sonst müssten wir nämlich die Einfachheit der Liebe leben.

Wir haben Angst davor, aus der Angst hervorzukommen und zu lieben. Darin gleichen wir uns alle. Und das ist auch gut so.

Aus der Anerkennung der Tatsache, dass die menschliche Natur wir alle ist, dass wir alle gleich sind, kann Erbarmen erwachsen.

Wir wissen, warum die Menschen solch destruktive und abartige Dinge tun, weil wir nämlich wissen, warum *wir* sie tun.

Wir sind sie. Wir sind die menschliche Natur. Und indem wir das wissen, finden wir unvermeidlich Mitgefühl, Erbarmen, Verbundenheit – wir beginnen zu lieben.

Wir verlieben uns in uns selbst, in den Nächsten, in die menschliche Natur.

Liebe entsteht letztlich nicht daraus, dass wir liebevoll sind. Sie entsteht daraus, dass wir menschlich sind. Sie entsteht aus unserem Versagen zu lieben und aus unserer Angst vor der Liebe. Der mythische Jesus wurde schließlich als ein menschliches Wesen inkarniert. Er hatte alle Leidenschaften eines Menschen und auch alle Fehler. Während er nebenbei eine Reihe recht beeindruckender Wunder vollbrachte, erkannte er klar, dass der andere wir selbst ist.

Das ist das eigentliche Wunder.

Der andere ist wir selbst, weil es in Wirklichkeit kein Selbst gibt, das ein anderer sein könnte, und keinen anderen, der ein anderer sein könnte.

Jesus und Buddha haben dasselbe gesagt. Was hätten sie auch anderes tun können? Es gab keinen Buddha. Es gab keinen Jesus.

Es gibt nur die Vergänglichkeit, das Unbefriedigende, die Leere und die Liebe. Und es gibt nichts davon.

Es gibt nichts.

Und nicht einmal das gibt es.

Das Universelle zum Ausdruck bringen in dem, was ist

*Um anzukommen, wo du bist,
um von dort, wo du nicht bist,
dorthin zu gelangen,
musst einen Weg du gehen, auf dem
es keine Ekstase gibt.
Um bei dem anzukommen, was du
nicht weißt,
Musst du den Weg gehen, welcher
der Weg des Nichtwissens ist.*
T. S. Eliot

Von hierher kommst du nicht dorthin – auch nicht von anderswo

*Außer dem Bekannten und dem
Unbekannten, was gibt es da noch?*
Harold Pinter

Ein Mann war unterwegs, um seine Verwandten in einem anderen Bundesstaat zu besuchen. Er entschloss sich, die landschaftlich schönen Nebenstraßen zu nehmen, und nachdem er den ganzen Tag lang gefahren war, wurde ihm klar, dass er sich total verirrt hatte. Der Mann sah einen Bauern am Rande seines Feldes stehen und fragte ihn nach dem Weg in die Stadt, wo seine Verwandten lebten. Der Bauer dachte eine Weile nach und sagte dann: «Also, mein Herr, Sie fahren diese Straße etwa fünfzig Meilen hinauf und biegen dann links ab ... nein, Moment, das ist es nicht. Also: Sie fahren die

Straße etwa zehn Meilen hinab bis zur Gabelung ... nein, das ist es auch nicht ...» Der Bauer hielt inne, und nachdem er geraume Zeit über das Problem nachgedacht hatte, sagte er: «Tut mir Leid, aber von hier aus kommen Sie nicht dorthin.»

Seit Jahrtausenden haben wir Menschen uns auf religiöse Strukturen zur Interpretation und Erklärung der Geheimnisse von Leben und Tod verlassen. Seit ebenso vielen Jahren sind spirituelle Lehren innerhalb von hierarchischen Strukturen überliefert worden. Diese Strukturen waren manchmal patriarchalisch, manchmal matriarchalisch, immer aber gründeten sie auf Autorität. Im Verlauf dieser ganzen Zeit gab es nur wenige Stimmen, die dazu bemerkten, dass die Wahrheit nicht von einem bestimmten Zentrum ausstrahlt, sondern aus dem Ganzen. Diese wenigen Stimmen waren Anomalien, Merkwürdigkeiten, leicht okkulte Erscheinungen. Man hat über sie einfach hinweggesehen.

Doch mittlerweile sind die Strukturen von spiritueller Macht in Bewegung geraten. Der Wettstreit in der spirituellen Welt von heute spielt sich zwischen religiösem Fundamentalismus und moralischem Relativismus ab, zwischen der Gewissheit des Glaubens und dem moralischen Chaos des Glaubens an gar nichts. Die alten Gewissheiten zerbröckeln. Glaubensbekenntnisse bröckeln. Das Chaos gewinnt die Oberhand.

Mystische Offenbarung mag ein Ausdruck der Wahrheit sein, doch die religiösen Institutionen, die auf diesen authentischen Einsichten aufbauen, sie sind auf Unwissenheit gegründet, sie sind von Bürokraten entworfen worden und sie werden durch Macht, Furcht und Bedrohung aufrechterhalten. Eine globale Kultur ist von deren theologischen Gewissheiten nicht mehr so leicht zu überzeugen. Dem globalen Dorf kann man Cola und Nike verkaufen, aber mit der absoluten Wahrheit gibt es da gewisse Schwierigkeiten. Es ist heute allzu leicht, von einer absoluten Wahrheit zur nächsten zu zappen. Oder zumindest zu einer fernsehgerechten Fassung der absoluten Wahrheit. Wenn es vielfältige absolute Wahrheiten gibt, dann gibt es keine absoluten Wahrheiten. Wie die orthodoxen Gläubigen aller Religionen schon immer warnend verkündeten, ist die Ökumene der Untergang der religiösen Gewissheit.

Der moralische Relativismus führt uns in eine Zwickmühle. Wenn alles eine soziale Konstruktion ist, einschließlich der religiösen Wahrheiten, dann ist nichts mehr wahr oder falsch, nicht wahr?

Moses hat uns dann die «Acht Anregungen» gebracht, der Edle Achtfache Pfad wird umgeschrieben zu den «Acht Schritten zu einem neuen Selbst» und in den populären New-Age-Zeitschriften angepriesen. Die Kinder lernen in der Schule, sich über ihre Werte klar zu werden, indem man sie viele verschiedene Perspektiven einüben lässt, worauf sie dann selbst entscheiden können, was wahr und was falsch ist. Progressive Eltern wählen zwischen endlosen Neukombinationen von orthodoxer, konservativer oder judäo christlich-sufisch-buddhistisch-gechannelter-Energiearbeits-überkonfessioneller-einmal-die-Woche-mit-Kinderbetreuung relativer Wahrheit (Version 7.0 für Windows).

Das demokratische Ideal ist verkommen zu einer Herrschaft der Meinungsmacher, der gezielten Indiskretionen, der Umfragen und der Sound-Bytes.

Gemeinschaft findet statt über unzählige Millionen von Kilometern der Drähte des World Wide Webs und im Kabelfernsehen, wo wir Starsky und Hutch zu unseren Freunden zählen dürfen, wo wir gleich neben den Simpsons in South Park wohnen und wo wir fröhlich einstimmen in das Lied «O nein, sie haben Kennedy umgebracht!». Wir erleben die Erfüllung unserer kühnsten Wünsche in Gesellschaft von

Cyborgs und Androiden in irgendwelchen Zukunfts-Startrecks oder wenn mit Steroiden voll gepumpte Gladiatoren in unseren Sportarenen sich am Sonntag gegenseitig fertig machen. Wir erfahren unsere tiefsten Ängste, wenn wir uns Akte X reinziehen. Virtuelle Realität ist keine Sache der Zukunft, wir leben in einer virtuellen Realität.

Wir glauben nicht an irgendeine absolute Wahrheit. Wir können aber auch nicht an den moralischen Relativismus und die Kultur des Kompromisses glauben. Und um alles noch schlimmer zu machen, ist Gott allem Anschein nach tot.

Glauben Sie an gar nichts

> *Was, wenn Gott einer von uns wäre? /*
> *Nur ein Dickwanst wie einer von*
> *uns?*
> Joan Osborne

Gott ist nicht tot, der Glaube ist tot. Die postmoderne Welt, in der wir leben, hat den Glauben so gründlich dekonstruiert, dass alles, was zu glauben uns noch bleibt, darin liegt, dass man an nichts mehr glauben kann.

Dieser letzte uns verbleibende Glaube ist der Glaube daran, dass es nichts Absolutes gibt. Moral ist etwas Relatives. Glaube ist eine soziale Konstruktion. Realität ist eine Funktion der Kultur, der Erziehung, der Sprache.

Wir Amerikaner glaubten an Amerika, an die Demokratie, an Mama, Apfelkuchen und Gott. Dann haben Drogen, Rock n' Roll, Vietnam und die Gegenkultur die meisten der absoluten Wahrheiten zerstört, die nach unser aller Übereinkunft harte Realitäten waren. Der Ausverkauf der Gegenkultur, «weil wir heute reifer sind und die Raten für das Häuschen abzahlen müssen», hat die Dekonstruktion dekonstruiert und der Generation X das Erbe eines immer größer werdenden Zynismus hinterlassen.

Diese Generation hat versucht, mit Schlabberhosen, Depression und Grunge-Rock zu ihrem eigenen Ausdruck zu finden. Es ging weiter mit Piercing und der Gründung von schicken, am Neuen Markt notierten Science-Fiction-Hochtechnologiefirmen, Titeln wie Netscape und Yahoo, welche die eigentlich für ihre Altersvorsorge beiseite gelegten Gelder ihrer Ex-Hippie-Eltern wegfraßen. Die 68er-Generation lässt sich ihre Rente von der Generation X bezahlen, und Generation X hält Aktienoptionen, die aus den Pensionsfonds der 68er bezahlt werden, und jene, die bereits im Ruhestand sind, sind einfach nur glücklich darüber, dass sie sterben werden, bevor die ganze Chose zusammenbricht.

Die Generation, die jetzt gerade das Erwachsenenalter erreicht, die generation.com, betrachtet alles, was ihr vorausgegangen ist, mit wachsender Besorgnis. Wo bitte ist die Löschtaste?

Niemand glaubt mehr an irgendetwas – außer gewisse Fundamentalisten, die sehr eifrig an bestimmte Dinge glauben, auch wenn die Fundamentalisten sich ständig über ihre jeweiligen Glaubenssätze streiten. (Wenn wir absolute Glaubenssätze vertreten, dann kann solch ein Streit ziemlich lange dauern und den größten Teil unserer Energie auffressen, sodass wir kaum mehr Zeit dafür finden, den Angriff auf jene Leute zu planen, die an gar nichts glauben und die wir im Grunde für die wahren Barbaren halten sollten.)

Doch für jene, die nicht an den Glauben glauben, ist der Unglaube ein äußerst erleuchteter Standpunkt, sehr modern – und sehr fragwürdig. Wir haben diesen Unglauben mit Hilfe der Mechanismen unserer Kultur konstruiert, mit unserer Philosophie und unserer Bildung, die selber wiederum lauter Glaubenssysteme sind. In Wirklichkeit haben wir einfach einen neuen Glauben konstruiert.

Was geschieht, wenn wir aus diesem letzten Glauben die Luft rauslassen? Spricht Gott dann endlich zu uns? Wird Gott nach den Jahrtausenden des Schweigens überhaupt zu uns sprechen?

Tausende von Jahren sind vergangen, in denen die Menschen Götzenbilder angebetet haben, in denen sie Interpretationen des Göttlichen durch andere folgten und sich mit Liturgie, Theologie und Ritual anstelle einer mystischen Kommunion zufrieden gaben. Alle Propheten sind schon vor langer Zeit durch Priester abgelöst worden.

Doch plötzlich, in einer Zuckung kultureller Erkenntnis, wird der Gott des Glaubens für tot erklärt, und dann wird der Glaube für tot erklärt und der Zynismus zum letzten Wort in dieser Angelegenheit erhoben. Das ist eine Arbeitsgrundlage. Gott wird außen vor gehalten, und es gibt keine Strafe für unsere Untaten, denn wer glaubt schon an Untaten, geschweige denn an eine Strafe?

Die Dinge laufen doch prima. Die Zinsraten sind niedrig. Der Markt erreicht eine neue Hausse. Und dann passiert etwas. Vielleicht ist das Gott, der ungeduldig wird und uns ein wenig kitzelt ... aber uns fällt auf, dass auch der Zynismus ein Glaube ist. Nicht nur das, er macht auch wenig Spaß.

Was wäre, wenn wir heute, am Anfang des dritten Jahrtausends, das Ende *jedweden* Glaubens verkünden würden? Was, wenn sich in dieser Erkenntnis auch der Zynismus, der ebenfalls nur ein Glaube ist, in Luft auflöste? Was wäre, wenn wir die Dekonstruktion dekonstruierten?

Wird Gott dann zu uns sprechen? Würden wir uns in direktem Kontakt mit dem Göttlichen wiederfinden, mit allem, was bleibt, wenn alles andere weggefegt worden ist? Würden wir endlich die kollektive dunkle Nacht der Seele durchschritten haben, das kulturelle Kali-Yuga, in dem wir feststeckten? Würden wir hören wollen, was Gott uns zu sagen hat? Und was würden wir zu Gott sagen? Könnten wir es überhaupt verkraften, Gott von Angesicht zu Angesicht entgegenzutreten?

Nein, dazu wird es nicht kommen. Gott ist ja tot.

Aber stimmt das? Ist Gott tot? Oder ist es der Glaube, der tot ist? (Vielleicht ist es ja auch wie in dem berühmten Graffito: Gott ist nicht tot. Er lebt, doch beschäftigt er sich heute mit einem weniger ehrgeizigen Projekt.)

Lauschen Sie aufmerksam. Schauen Sie sich um. Was kommt zum Ausdruck, wenn der Glaube schweigt?

Spricht Gott zu uns? Wollen wir hören, was Gott zu sagen hat?

Glauben Sie nicht an Gott, glauben Sie nicht an ein Ich, und glauben Sie vor allem nicht an irgendetwas, das hier geschrieben steht.

Was, wenn Gott zu uns spräche und uns geböte, nicht an Ihn zu glauben? Was, wenn in dem Moment, in dem aller Glaube zusammenbricht, Gott und das Ich damit zusammenbrächen?

Nun, was ist dann?

Wirklichkeit – wir sind bereits hier

> *Hört her: Es gibt die Hölle*
> *eines guten Universums gleich*
> *nebenan.*
> *Na dann, gehen wir.*
> E. E. Cummings

Wir haben so lange an den Glauben geglaubt, dass wir die Möglichkeit, dass Glaube einfach nicht nötig sein könnte und dass die Abwesenheit von Glauben nicht unbedingt Chaos bedeuten muss, gar nicht in Betracht gezogen haben. Wir brauchen nicht an eine Wahrheit zu glauben und auch nicht an multiple Wahrheiten oder an gar keine Wahrheit. Wir brauchen nicht an den Glauben zu glauben.

Uns steht das Material der Existenz, die Wirklichkeit unseres Lebens zur Verfügung. Die Wirklichkeit des Lebens enthält Glauben, wird aber nicht durch diesen definiert. Das ist so, weil die Wirklichkeit des Glaubens darin besteht, dass er begrifflich ist – Denken, Ideen, Konditionierungen. Wir leben in der Wirklichkeit nicht ohne Glauben, aber wir leben befreit von seinen Einschränkungen.

Wirklichkeit ist keine Wahl, die uns offen steht. Sie ist Tatsache.

Wirklichkeit ist kein Glaube. Sie ereignet sich ohne unsere Vorstellungen, ohne unsere Einmischung, ohne unsere Interpretation.

Wirklichkeit ereignet sich auch mit unseren Vorstellungen, mit unserer Einmischung, mit unserer Interpretation.

Wirklichkeit umfängt alles, und alles ist ziemlich groß. Es ist größer als ich, größer als du, größer als wir alle. Es ist größer als all die Ideen, Glaubenssätze, Religionen und Philosophien zusammengenommen, weil es diese alle enthält ...

und weit mehr. Die Wirklichkeit enthält alles, was wir sammeln, beschreiben, erinnern, was wir uns vorstellen und projizieren können, zuzüglich alles Weiteren.

Wir können die Wirklichkeit nicht haben, wir können die Wirklichkeit nicht bekommen, wir können nicht zur Wirklichkeit werden. Die Wirklichkeit ist hier. Wir sind bereits hier.

Wir können das Hier beschreiben. Das ist die Wirklichkeit.

Wir können uns des Hier nicht bewusst sein. Das ist Wirklichkeit.

Wir können hier zornig sein. Das ist Wirklichkeit.

Wir können verwirrt und neurotisch sein und uns wünschen, wir wären hier, da wir überzeugt sind, es nicht zu sein. Das ist Wirklichkeit.

Dieses unendliche Alles und Jedes ist Wirklichkeit. Wir sind die Unendlichkeit. Wir sind Alles und Jedes. Wir sind Wirklichkeit. Wir sind bereits hier.

Sei, wo du bist – und bleibe dort

> *Eins ist Alles,*
> *Alles ist Eins.*
> *Kann man es*
> *auf diese Weise vollbringen,*
> *warum sich dann noch*
> *um Unvollendetes sorgen?*
> Sengcan,
> der dritte Patriarch des Zen

Wir sind, wo wir sind. Wir sind die Unendlichkeit. Wir sind Alles und Jedes. Wie schaffen wir es, hier zu bleiben?

So oft haben wir die Erfahrung gemacht, zu diesem High, diesem Flow, diesem Ort der Ungetrenntheit zu gelangen, nur um dann wieder abzustürzen in unser «Ich». Wie können wir dort bleiben?

Die Antwort ist einfach.

Dort ist hier.

Dort bleiben ist einfach.

Dort ist hier.

Es gibt nicht zwei Orte, an denen wir sein können. Wir haben gar keine Wahl. Es gibt keinen guten und keinen schlechten Ort. Es gibt nicht zwei Orte. Es gibt einen Ort. Hier, dort, überall ist eins. Wir sind immer an einem Ort. Dort bleiben ist die Tatsache.

Bewusstseinszustände kommen und gehen. Gedanken und Gefühle steigen auf und verschwinden wieder. Wir gehen nirgendwohin, das Denken geht irgendwohin. Wir können nicht an einen Ort gelangen, der nicht dort wäre, wo wir bereits sind.

Was wir sind, ist ein Standpunkt, eine Perspektive, ein Aspekt des Denkens selbst. Seiner Natur entsprechend erzeugt das Denken eine Empfindung von Dualität, von einer Trennung zwischen Subjekt und Objekt. Wo es entsteht, entstehen wir als Subjekt-Teil des Denkens.

Das ist es, wo wir sind,

Der Gedanke vergeht ins Nichts. Ein weiterer Gedanke entsteht. Wir entstehen als der Subjekt-Teil des Gedankens.

Das ist es, wo wir sind.

Und so geht es weiter und weiter.

Wir sagen, wir sollten dieses Prozesses gewahr sein und nicht einfach unbewusst leben. Wenn dieser Gedanke auftaucht, dann tauchen wir als der Subjekt-Teil dieses Gedankens auf.

Das ist es, wo wir sind.

Wir sind achtsam und bemerken die Natur des Gedankens, wie er entsteht und ein Subjekt als ein «Ich» erzeugt. Wenn dieser Gedanke aufsteigt, dann steigen wir als der Subjekt-Teil dieses Gedankens auf.

Das ist es, wo wir sind.

Wenn irgendein Gedanke auftritt, dann treten wir als Subjekt auf. Wenn Gefühle auftreten, treten wir als Subjekt auf. Wenn irgendein Wissen auftritt, treten wir als Subjekt auf.

Stets sind wir, wo wir sind.

Wir gehen nirgendwohin, weil wir nirgendwo ankommen können.

Wenn jetzt die Gedanken schweigen, in dem Raum zwischen den Gedanken – wo sind wir da?

Nachwort

Wirklichkeit, Liebe und Glück

> *Wenn Rationalität eine Vorbedingung wäre, damit etwas existieren darf, dann wäre die Welt ein gigantisches Sojabohnenfeld.*
> Tom Stoppard

Lassen Sie uns die Dekonstruktion der Meditation, unserer Beziehungen, unseres Lebens, unserer Tätigkeiten nicht in der Weise missverstehen, dass dies ihr Ende bedeuten müsse. Wir leben in einer relativen Welt, in der wir das Leben, das wir leben, voll und ganz annehmen müssen. Doch gerade ein Verständnis für die relative Natur unseres Lebens, für die Natur des Lebens als Vorstellung, erlaubt es uns, dieses voll und ganz anzunehmen.

Wir mögen verstehen, dass wir nicht der begriffliche Rahmen sind, in dem wir leben und mit dessen Hilfe wir uns auf andere beziehen, doch dies ist nun mal das Medium, in dem wir zu funktionieren haben.

Wenn wir schon lieben wollen, dann lassen Sie uns ganz und gar lieben. Lassen Sie uns in der absoluten Welt der Stille lieben. Und lassen Sie uns lieben in der relativen Welt unseres Ehepartners, unserer Kinder, unserer Freunde und Nachbarn. Diese beiden Welten sind letztlich eine Welt.

Wenn wir die Grenzenlosigkeit unserer wahren Natur finden können, dann können wir diese Qualität auch in die Welt der Begrenzungen und der Form einbringen.

Diese Erkundungen sollen uns nicht zu einem Verständnis führen, das uns von der Teilnahme am Leben um uns herum ausschließt. Vielmehr geht es darum, diese Einsicht an den Arbeitsplatz, in die Schule, in unser Heim und in unsere Gemeinschaft mitzubringen.

Dieses integrale Verständnis verlangt von uns äußerste Sorgfalt im Umgang mit den Einzelheiten des Lebens. Wenn wir diese Qualität in unser tägliches Leben einbringen können, dann verändert sich unser Leben, und ein verändertes Leben verändert uns.

Dies ist der alchemistische Schmelztiegel des Lebens, wo sich Innen und Außen treffen, Form und Formlosigkeit. Hier entdecken wir eine Explosion der Fülle, des Fühlens, Ausdrucksformen gelebten Lebens.

Leben ist das, was wir auch ohne unsere Philosophien, unsere Meditationstechniken, unsere Religionen tun. Leben ist Ausdruck der Verbundenheit alles Lebendigen. Wir brauchen es nicht zu fürchten. Wir brauchen es nicht zu kontrollieren. Wir brauchen es nicht einzupferchen. Wir können es einfach leben.

Wir können uns zurücklehnen. Das Universelle bringt sich gerade jetzt zum Ausdruck, ohne jegliche Mühe. Der Druck, etwas leisten zu sollen, ist gewichen. Wir müssen nicht in einer schmerzhaften Stellung mit überkreuzten Beinen sitzen. Wir müssen keine esoterischen Wälzer lesen, die uns die Mysterien des Universums enthüllen.

Ohne die Interpretation des Verstandes ist das Universum ganz und ungeteilt.

Und selbst mit der Tätigkeit des Verstandes ist das Universum ganz und ungeteilt. Unser Geist ist einfach nur voll gestopft mit Telefonnummern und Adressen, Fakten und Zahlen, Vorlieben und Abneigungen.

Das Universum ist ein voll gestopftes Universum. Es ist ein voll gestopftes, ganzes und ungeteiltes Universum.

Der Verstand vermag dieses Paradox nicht aufzulösen. Wir können uns zurücklehnen.

Das Ganze verlangt nicht von uns, dass wir es verstehen, es verlangt nur, dass wir in der Fülle des Lebens leben. Unsere Erkundungen sind nicht einfach die Suche nach einer Erklärung, sondern die Entdeckung des Lebens selbst in der Wirklichkeit eines jeden Augenblicks.

Weitere Bücher von Steven Harrison

NICHTS TUN
Am Ende der spirituellen Suche

«Wer sucht, der findet», heisst es. Im spirituellen Leben gilt jedoch häufig: «Wer sucht, der sucht und sucht ohne Ende.» Woran liegt das? Nicht unbedingt an den Meistern und deren Lehre. Meist geht die spirituelle Suche in die falsche Richtung. Aus eigener Erfahrung weist Steven Harrison einen grundlegend anderen Weg: Statt nach aussen führt er nach innen, hin zu Selbstbestimmung und Stille.

Die ewige Botschaft aller Spiritualität in der Sprache unserer Zeit, Mystik ohne Brimborium oder Imponiergehabe, schnörkellos, radikal, befreiend.

ISBN 3-9521966-0-6, 142 S., geb., Euro 15.–, Fr. 28.–

EINS SEIN
Transformation durch Beziehung

Einssein – Verliebte erfahren es in der Vereinigung, spirituell Suchende in Augenblicken mystischer Verzückung. Doch Einssein ist die Ausnahme, Einsamkeit und Tristesse die Regel. Tatsächlich ist Einssein aber die Grundlage unseres Lebens, auf die wir uns verlassen können.

Steven Harrison untersucht, was uns daran hindert, rückhaltlos in Beziehung zu sein mit sich und der Welt. Provozierende Gedankengänge über romantische Liebe und Tantra, über die Sehnsucht nach Verbindung und die tiefer liegende Sucht nach Trennung. Der ultimative Beziehungsratgeber eines modernen Mystikers.

ISBN 3-9521966-2-2, 160 S., geb., Euro 18.–, Fr. 32.–

Edition SPUREN
Wartstraße 3, CH-8400 Winterthur, www.spuren.ch

Weitere Bücher in der Edition Spuren

Manuel Schoch
TIME THERAPIE
Heilung aus der Qualität

In der Psychologie wird mit Begriffen gehandelt wie «Unterbewusstsein», «Trauma durcharbeiten» und Ähnlichem mehr. Seelisches Leid scheint damit handhabbar und irgendwie überwindbar zu sein. Doch dreht sich der Therapiebetrieb auch tatsächlich um Heilung?

Manuel Schoch stellt lieb gewordene Gemeinplätze von Therapie in Frage und lenkt das Augenmerk auf das, was wir immer schon sind: mitfühlende, liebende Wesen mit einem Kern an unzerstörbaren Qualitäten.

ISBN 3-9521966-1-4, 108 S., geb., Euro 14.–, Fr. 24.–

Kay Hoffman
DIE FÜNF MINUTEN MYSTIK
Leitsätze zum Wesentlichen

«Die Mystik ist der zweite Frühling des Geistes.» Mit diesem Satz beginnt die Autorin ein mystisches Tagebuch. Darin begreift sie das Persönlichste in einem Element, dem sie in den Zeugnissen von Mystikerinnen und Mysterikern aller Zeiten wiederbegegnet.

Kay Hoffman ist hervorgetreten mit Sachbüchern über Trance, Philosophie und Ekstase. Zu Ihren Veröffentlichungen zählen «Das Anima Orakel» und «Charisma Training für Frauen». Mit dem vorliegenden Buch erprobt sie die Verbindung von eigener Erfahrung mit der klassischen Mystik unseres Kulturkreises, von Literatur und Spiritualität. «Jeder Moment ein vorläufiges Ende. Ein Anfang. Dazwischen.»

ISBN 3-9521966-3-0, 94 S., geb., Euro 9.50, Fr. 19.–

Edition SPUREN
Wartstraße 3, CH-8400 Winterthur, www.spuren.ch

James Norwood Pratt
TEE FÜR GENIESSER
Vom Geist in der Tasse

Tee und China – kein anderes Volk der Erde hat zu einem geistigen Getränk eine derart innige Beziehung wie das chinesische Volk zum Tee. Lange vor unserer Zeitrechnung wurde der Teestrauch in China bereits kultiviert und besungen. Buddhistische Mönche trugen wesentlich dazu bei, dass immer wieder neue Teesorten entstanden und die Art des Genusses sich verfeinerte: grüner Tee, weisser Tee, roter und schwarzer Tee – alles gewonnen von der einen Pflanze: Camellia sinensis.

Noch heute bilden Teekenner eine kleine internationale Gemeinschaft verschworener Geniesser. James Norwood Pratt gehört zum inneren Kreis dieser Fachleute, und er versteht es wie kein Zweiter, von der Geschichte und den Geschichten des Tees zu berichten.

ISBN 3-9521966-5-7,
238 farbig illustrierte Seiten, geb., Euro 24.–, Fr. 39.–

Christian Bobin
ALLE WELT HAT ZU TUN
Roman

«Eines Tages, neben der Kopiermaschine, wird er es wissen oder ahnen. Einmal nur, an einem einzigen Tag, wird sie ihn dort auf den Mund küssen. Und sogleich wird sie schwanger sein. Jedes Mal, wenn sie sich verliebt, bekommt Ariane ein Kind. Und jedes Mal, wenn sie ein Kind bekommt, findet sie ihr Herz wieder.» In Christian Bobins Roman unterhält sich ein Kanarienvogel mit einer Katze über Mystik. Ein Kleinkind weissagt die Zukunft, und Flitterwochen finden schwebend statt über dem eigenen Garten. Fantastisch, verspielt und witzig.

ISBN 3-9521966-4-9, geb. 122 S.,E 16.–, Fr. 26.–

Über den Autor

Steven Harrison ist weit gereist und hat eine Vielzahl von Meditationssystemen und spirituellen Übungen studiert. Er lebt in Boulder, Colorado, und ist der Gründer von All Together Now International.

Wer sich für die Arbeit von Steven Harrison interessiert, kann an folgende Adresse schreiben:
Steven Harrison
P.O. Box 6071
Boulder, CO 80306
USA
E-Mail: InDialog@aol.com
Website: http://www.doingnothing.com

Aller Erlös des Autors aus dem Verkauf dieses Buchs geht an gemeinnützige Organisationen, darunter:

All Together Now International
P.O. Box 7111
Boulder, CO 80306
E-Mail: AllToNow@aol.com
Website: http://www.alltogether.org

«Sie können etwas bewegen, aber zusammen können wir einen Wandel herbeiführen.»
ATNI unterstützt Projekte, die von Individuen entworfen und organisiert sind und die sich nicht nur um materielle Bedürfnisse kümmern, sondern die Selbstversorgung, Kooperation und das Leben in Gemeinschaften fördern.
ATNI konzentriert sich zurzeit auf Projekte in Nepal.

Inhalt

Einführung 9

Wie sind wir bloß hierher gekommen? 15
Nackt, frierend und hungrig werden wir geboren – und dann wird alles nur noch schlimmer. Wachgerüttelt in der Mitte eines Lebens. Der Krempel des Lebens – ich werde ihn ausmisten, sobald ich eine Minute Zeit habe. Was sind das bloß für Leute in meinem Leben? Egoismus kontra Ichlosigkeit

Das Überstehen überstehen 31
Den Tag überstehen, die Rechnungen überstehen, den Anruf von Mama überstehen. Weniger ist mehr – mehr oder weniger. Seine Rolle ablegen – und sich in einer neuen Rolle wiederfinden. Keine weiteren Szenen – der letzte Vorhang

Und soll das etwa alles sein? 40
Eine fundamentale Frage. Wer bin ich? Auf der Suche nach Anhaltspunkten. Meditation – der Anfang des Verstehens?

Meditation – was sie ist und was sie nicht ist 48
Die Nachrichten, das Wetter, die Meditation. Meditation als Metapher. Die Bauernfängerei von heute. Der Kennerblick des fortgeschrittenen Meditierenden. Die donnernde Stille des Aufgebens

Techniken zur Erforschung des Geistes 55
Wer hat sich das alles ausgedacht? Die kulturelle Verpackung spiritueller Lehren. Die Beschränktheit von Meditationssystemen. Die Erforschung des Geistes

Konzentrative Meditation   63

Der Seher und der Yogi. Angst auf dem spirituellen Pfad. Manische Konzentration und Samadhi. Einfache Übungen in konzentrativer Meditation. Nebenwirkungen der Konzentrationsmeditation. Wie man über die Stumpfheit hinaus zu den guten Sachen gelangt. Was ist dran an all dem Zeug?

Achtsamkeitsmeditation – aufgepasst, wichtig   76

Das Gute an der Konzentration. Bewusstheit ist angesagt. Das Einmaleins des Bewusstseins – Übungen in Gewahrsein. Sind wir bereits bewusst? Wie man im Augenblick ist. Wie ist man im Augenblick danach – und was ist Gewahrsein eigentlich? Gewahrsein, diese lästige Zeit zwischen zwei Nickerchen

Devotionale Meditation – wenn ich dich liebte   89

Zum Kern der Sache kommen. Andacht – das Opium der Religion. Die Meditation der liebenden Güte. Wenn ich dich liebte

Autorität und das Streben nach Sicherheit   96

Wie lässt sich der authentische spirituelle Lehrer erkennen? Alle Verallgemeinerungen sind falsch. Was Erleuchtete mit ihrer Freizeit anfangen. Triffst du den spirituellen Lehrer unterwegs… Abhängigkeit von spiritueller Autorität. Vater weiß es am besten. Mutter, hast du mich wirklich geliebt? Was Faust auf die harte Tour lernte. Wovor fürchten wir uns? Die Verantwortung des Individuums

Wirklichkeitsmeditation   113

Wir alle sind Meditationsmeister. Was ist denn nun eigentlich Wirklichkeit? Zeit – was verhindert, dass alles auf einmal passiert. Innere Zeit. Weitere ziemlich schwer verdauliche Betrachtungen über die Natur des Geistes und der Realität. Über die Erleuchtung hinaus und mitten ins Leben! Das Nichtüben der Wirklichkeitsmeditation

Atem und Körper in Wirklichkeit   139
Nackte Singularität und nahezu unendlicher Raum. Was ist unser Körper denn eigentlich? Der Körper als Sondermülldeponie. Der Körper als Glaubenssystem. Gibt es die Chakren, oder gibt es sie nicht? Der Kú-per als Wirklichkeit. Lernen zu atmen? – Ich atme doch schon. Die Erforschung des Atems und der Bewusstseinszustände

Wirklichkeitsmeditation ganz mühelos   164
Es ist schwer, nichts zu tun. Die Suche nach einer Lösung ist das Problem. Das Ende des spirituellen Suchers. Sechs Experimente in Meditation. Die Stille ausdehnen – ein Experiment in Dialogen. Die Stille erkunden – Wirklichkeitsmeditation in der Gruppe

Gedanken scheinen ihren eigenen Willen zu haben   181
Keine Lust mehr auf Zorn. Wer hat Angst vor einem Leben ohne Angst? Sorgen und Stress: Worry, be unhappy! Unsere Ansichten über Drogen ändern. Schmerz, Versagen und Enttäuschung. Raum finden – der innere Aufbruch. Haben Sie jemals innegehalten, um sich zu besinnen, und dann vergessen weiterzumachen?

Am Ende kommen wir zum Anfang   209
Vertrauen ohne Glauben. Das Ende aller Mühen. Auf sich selbst gestellt sein. Krise und Wandel – wir selbst sind der Wirbel. Vergänglichkeit, Schmerz, Leere und Mitgefühl

Das Universelle zum Ausdruck bringen   221
Von hierher kommst du nicht dorthin – auch nicht anderswo. Glauben Sie an gar nichts. Wirklichkeit – wir sind bereits hier. Sei, wo du bist – und bleibe dort

Nachwort   232